古代字體論稿

启 功 著

生活·讀書·新知 三联书店

图书在版编目（CIP）数据

古代字体论稿 / 启功著. — 北京：生活·读书·
新知三联书店，2023.8
　ISBN 978-7-108-07547-5

　Ⅰ. ①古⋯　Ⅱ. ①启⋯　Ⅲ. ①汉字－古文字－研究
Ⅳ. ① H121

中国版本图书馆 CIP 数据核字 (2022) 第 216401 号

特邀编辑　　陈荣军
责任编辑　　唐明星
装帧设计　　薛　宇
责任校对　　曹秋月
责任印制　　卢　岳

出版发行　　生活·讀書·新知 三联书店
　　　　　　（北京市东城区美术馆东街 22 号　100010）
网　　址　　www.sdxjpc.com
经　　销　　新华书店
印　　刷　　河北品睿印刷有限公司
版　　次　　2023 年 8 月北京第 1 版
　　　　　　2023 年 8 月北京第 1 次印刷
开　　本　　635 毫米 × 965 毫米　1/16　印张 17
字　　数　　126 千字　图 91 幅
印　　数　　0,001－5,000 册
定　　价　　59.00 元
（印装查询：01064002715；邮购查询：01084010542）

目 录

古代字体图版目次

i

附

一

问题的提出

中国汉字的发展，自商代到今天，足有四千多年的历史。它标志着中国历史文化悠久绵长，从来未曾中断。它的形状变化，异常复杂多样，尤其文献所载的字体名称和实物中所见到的字体形状，又往往对不上头。于是给后代对于古代文字的辨识，对于古代文字发展的探索，以及对于某些古文物或古书真伪的判断等等方面，都留下许多问题。

所谓字体，即是指文字的形状，它包含两个方面。其一是指文字的组织构造以至它所属的大类型、总风格。例如说某字是象什么形、指什么事，某字是什么形什么声；或看它是属于"篆""隶""草""真""行"的哪一种。其二是指某一书家、某一流派的艺术风格。例如说"欧体""颜体"等。我们知道一个书家或流派的艺术风格，多是指它们在一种大类型中的小分别。如欧阳询与颜真卿的分别，不是说欧写篆书、颜写隶书，而是对他们在共同写真书的条件下比较而言的。同时还值得注意的是，古代有些字体风格，从甲一大类型变到乙一大类型时，也常是从一些细微风格变起的。例如篆和隶现在看来是两种大类型，但在秦代，从篆初变隶时的形状，只是艺术风格比较潦草一些、方硬一些而已。这足见字体的演变常是由细微而至显著的。

如果再进一步追究，为什么古代字体会有那些变化？例如同属于周代的文字，为什么铜器上的和书籍上的不同？而随着那些形状变化，各命以不同名称，又是什么理由和根据？又如秦代的"正体字"为什么叫"篆"？汉代的"正体字"为什么叫"隶"或"八分"？这些问题，简单说来，即是名与实的关系和体与用的关系。

我们已知汉字在形体发展历史上各个阶段都有大小不同的纠葛，简单归纳，可有三项，而其中第一、第二两项尤其复杂。

第一项：小篆以前的字体名称与实际形状的问题。按小篆的形状是比较明确易见的，在它以前的种种字体的名称与形状，便有歧异。例如《说文解字·叙》里所提到的"秦书八体"中，小篆之前，只有"大篆"一种；而《说文解字》一书中，小篆之外，却有"古文""籀文"，而无大篆，那么大篆与古文、籀文究竟有什么关系？有的书中把这三种并列，甚至一齐罗列各种花体字，并不分析它们的关系，这是比较省事的办法。又有的书中把商周铜器上的字概称为"古籀"，这是比较笼统的办法。还有的书中只从文字所在的器物种类来定字体的名称，甲骨上的称为"甲骨文"，铜器上的称为"钟鼎文"或"金文"，陶器上的称为"古陶文"，玺印上的称为"古玺文"，等等。这固然比较客观，但仍未能从中看到古代字体命名的理由，也就是还不能解释《说文解字》中所提到的关于古代字体最早命名的问题。

第二项：隶与八分的异同问题。按隶这一体，既然秦代已有，汉至唐也有。我们知道这种同名的情况，并不仅仅只是后代模仿或沿用前代某种旧字样，而主要是同名异实。那么它们的具体形状分别究竟何在？还有隶和八分究竟谁先谁后？二者的区别究竟在哪里？八分一词究竟怎么讲？如此等等，纠缠的时间既很久远，涉及的古代文献和实物也很众多。

第三项：其他许多比较零星的问题。例如《说文》中的古文与魏《正始石经》中的古文，以至《汗简》等书中的古文，为什么都是两头尖或说蝌蚪形的笔画？它们究竟伪不伪？又如"史书"究竟是一种什么字体？"章草"的"章"字怎么讲？如此等等，也都有进一步研究和探讨的必要。

至于研究和探讨的方法，在前代常见的有两种：一是偏于文字的组织构造方面的，这包括对文字的形、音、义的研究；二是偏于书写的艺术风格方面的，这包括对各种书法流派的品评、各种碑帖的考订等。前者所据，较多侧重古代文献的记载；后者所据，较多侧重某些著名法书字迹。这两方面的研究，固然在其本范围内都有很大的成果，但由于文献中名称的纠缠既多，而当时地下实物的发现尚少，所以各自受到局限，而常常不易合榫。

自近代考古发掘的发达，出现了大量的古代文字实物资料，这给研究古代字体带来极大的帮助。从商代以下各个时代的、各个用途的实物资料，大致都可以见到。因此得知，字体名称和形状的变化，因素很多，必须从实物和文献互证，才能得出比较可靠的真相。现在试就实物资料和文献资料两方面作一次综合考察，看它们有什么现象。希望从这里探索到古代各种字体的名和实、体和用的关系。

考察的起点

甲　从实物资料中看到古代字体的几种现象

从实物资料方面看古代字迹的风格，发现几种现象：例如商代的甲骨（图1）、陶片（图8）、玉片（图9）上一些手写的字迹，其书写笔法与风格，大致是一类情况；甲骨上刊刻的字迹，大致又是一类情况；牛头、鹿头刻辞和骨匕上的刻辞（图2、图3），又是另一类情况。范铸的铜器上一些象形字（图6、图7）是一类情况；一般铭文（图4、图5）又是一类情况；其他玺印等又是另外一类情况。再例如战国的竹简上手写的字（图24、图25）和铜器上范铸的（图20）或刻画的字（图23），效果不一样。又如秦代颂功刻石的字（图33）与诏版上的字（图34、图35）不一样。汉代的简札中，郑重的问候名刺（图48）与火急的军书（图47）不一样，碑版和铜器上的款识不一样，和军书更不一样。如此等等，以下不再详举。各代各类的字迹，虽没有全面见到，但手写、刻画、范

1.商甲骨卜辞

2.骨匕刻辞（甲）

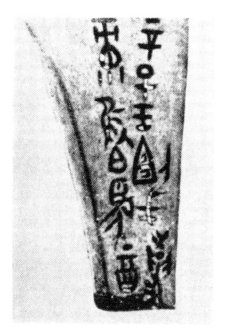

3.骨匕刻辞（乙）

4.戍嗣子鼎

5.帝辛四祀卣

6.帝辛四祀卣象形文字款识

7.象形文字款识

8.墨书陶片

9.砾书玉片

20.曾姬无恤壶

23.楚王酓肯盘（乙）

24.长沙仰天湖楚简　　　　25.信阳楚简

33.泰山刻石

34.诏版（甲）

35.诏版（乙）

48.春君、苏且简（正背各二）

铸的各种样品，大致略具。只有西周和秦未见墨迹，战国未见刻石，还有待于地下材料的出现。[①]

从以上的资料看来，汉字的形状方面，千差万别。简单说来，在下列条件下，各有不同的字体，即：（1）时代；（2）用途，如鼎彝、碑版、书册、信札等；（3）工具，如笔、刀等；（4）方法，如笔写、刀刻、范铸等；（5）写者、刻者；（6）地区。由于以上等等条件的不同，则字体亦即不同。而同在某一条件下，如加入其他条件时，字体便又不同。例如两器同属鼎彝，是用途条件相同，如果加上其他条件的关系，字体即不相同；同一写者所写两件字迹，加上其他条件的关系，亦便互不相同。余此如此类推，变化非常复杂。

以上所说的字体的不同，又要看构造和风格两个方面。

（一）组织构造的变化，其中包括：

（1）各个组成部分的不同，也可以是各单体或偏旁的不同。例如：𠙵、曰，艸、艹，酗、酹，等等。

（2）各局部的安排以及笔画数量的不同。例如：𠨃、㘡、纹、紊、靁、雷、仌、氷、冰，等等。

（二）书写风格的变化，其中包括：

（1）笔画转折轨迹的不同，即圆转或方折等差别。例如，秦泰山刻石（图33）与秦诏版（图34、图35）不同。

---

① 1979年此书重版时，著者按：秦代墨迹已见，见本文第八节；战国刻石今已见，见附图1。

47.殄灭简

附图1　战国中山刻石

（2）点画姿态的不同，例如：一、一，人、人，等等。

（3）表现字迹的条件的不同，即用途、工具、方法等等的差别。例如笔写的与刊刻的不同，范铸的字与刻画的字不同，像吕不韦戟中"诏事"二字（图31）与同戟中"诏事"之外的其他各字（图30、图31）不同。

（4）书写习惯的不同，例如时代、地区、写者等等各有其特点，互相不同。

以上各项之间，当然也各有一些相互交叉的地方。尤其是两种大类型紧接递嬗时，也常是先从书写风格变的较多。并且凡一种大类型中也必兼具组织构造和书写风格两项条件的。

字体命名的角度也各有不同。有单由构造或单由风格的，也有兼由他项条件的。还有同属一种字形，由于用途的不同，而得两种以上名称的，情况非常复杂。但总的来说，兼包构造与风格的大类型，可以说有四种，即是篆、隶、草、真。其他如行书是草、真的混合物，各种花体字只是各类字的变态或说装饰体而已。

字体风格变化，手写常是开端，范铸、刊刻也先由手写，那些直接刻画的也即是用刀代替笔。因为文字的各个组成部分，包括单体或偏旁，常是由表形、表意到表音的基本符号，这是大家公用、约定俗成的。书写风格却每人必然不同，所以签字会在法律上生效，而风格的变化程度，又常是由细微至显著的。

30.吕不韦戟（一）

31.吕不韦戟（二）

乙　从文献资料中得到的启示

文献方面，对于字体名称，最为纠缠。常见同一种名称而各家记述的内容不同，甚至互相矛盾。现在所见到的文献中，有关字体问题的，从《汉书·艺文志》《说文解字》《周礼郑氏注》以下，直到王国维先生的《史籀篇疏证》等著作，资料很多，所说的也很复杂。但经过综合比较，并与实物对照，得到许多启示，简单归纳，约有六种情况：

（1）秦以前没有字体分类，如篆或隶等等的名称。"六书"并不是字体名称。

这里须要说明两点：第一，唐张怀瓘《书断》卷上说："《吕氏春秋》云：仓颉造大篆。"但是《吕氏春秋·君守篇》原文却是"仓颉造书"。这可能是张氏误记，我们不能据此孤证而轻改流传有序的《吕氏春秋》原书。所以这一条不足以说明秦始皇"书同文字"之前已有了大篆名称。其次，"六书"不是字体名。《汉书·艺文志》《说文解字·叙》《周礼郑氏注》所记六个名称，用辞和排列次序，虽互有小异，但内容为"象形、指事、形声、会意、转注、假借"六事，则都相同。从其作用看，是文字制作的规律。《汉书·艺文志》说是"造字之本"。按古代在没有共同用的字典时，这种"造字之本"也就是一种识字诀窍，把文字的构成因素加以分析。拿了这把钥匙，即可开许多的锁。所以"六书"虽原是文字的成因，但用以教学童的目的，则是作为识字的诀窍，并不是教他们用这方法去造字，更不是六种字体。

（2）秦代篆是规矩的、标准的"正体"，隶是徒隶用的、不标准的"俗体"。

（3）汉代以来的字形变化，各有专门名称。例如草书、八分等名，都是汉代才有的。

（4）同一名称，常有不同的内容。例如隶这一名称，在秦汉和晋以下各有不同的内容。

（5）同一内容，又常有不同的名称。例如汉碑上的字，或称之为隶，或称之为八分。

（6）名称的兴起，常后于字体的产生和流行。例如周代的一种字，原来并无专名，到了秦代才追称之为大篆。

以上各条的论证，俱见以下各节。

因此得知，字体的各种专门名称，实自秦代才有的。并且每种名称初起时，常是一般的名称，或说是"诨号"，进一步成为某种形体的专名。《书断》卷上曾用父子的关系比喻字体的发展关系，现在也借为比喻以说明这个问题：

譬如有一某甲，生子某乙，则甲便为父。乙生子某丙，甲便被往上推为祖。丙在甲前为孙，而乙在甲丙之间，在甲前为子，在丙前为父。但若在这一家人世代递传的过程中，也许某一辈的某一人特别出了名，他这一支派的子孙便以他的称呼或诨号作为姓氏。从此这种一时的通称便成了固定的专称了。

具体地从字体上说，即是自秦定篆为标准字体后，于是以篆为中心，对于它所从出的古代字，便加一个尊称的"大"字，称之为大篆。这正像祖父之称为大父、祖母之称为大母。对于次于篆的新体字，给它一个卑称为隶。在给篆所从出的古代字加了"大"字之后，有时又回过头来再给篆加一"小"字，以资区别或对称。有了新草体之后，才给旧草体加"章"字，又回过头来给新草体加一"今"字，以资区别或对称。汉魏之际有了新兴的隶体，即"新俗体"，如永寿瓦罐（图 51）、熹平瓦罐（图 53、图 54）上的小字、钟繇的表启（图 61、图 62、图 63）、景元木简（图 65）上的字等，才把像两汉、曹魏碑版上的那类旧隶体字升格称为八分，而把隶这一名称腾出来给新俗体。但仍嫌混淆，于是给它定些新名称为"真"、或"正"、或"楷"、或"今体隶书"。

至于秦汉和晋以下各以隶来称呼当时的俗体字，正如每一辈的人在父亲面前都是儿子。但汉碑中的隶体，出名最大，于是隶这一通称，便常为它所独享了。

本文即从小篆往上推述籀、古，再往下递述隶、草。

51.永寿瓦罐

53.熹平瓦罐（一）

54.熹平瓦罐（二）

62.钟繇书张乐帖

61.钟繇书宣示表

65.景元四年简

63.钟繇书荐季直表

三

八体、小篆

把各种字体命以专名，始自秦代，现在先从"秦书八体"的问题谈起。

《史记·秦始皇本纪》，二十六年统一天下之后，李斯奏定：

> 一法度衡石丈尺，车同轨，书同文字。

又，三十四年李斯奏定：

> 史官非秦记皆烧之，非博士官所职，天下敢有藏诗书百家语者，悉诣守尉杂烧之。

《说文解字·叙》说：

> 其后诸侯异政，不统于王，……分为七国，……文字

异形。秦始皇帝初兼天下，丞相李斯乃奏同之，罢其不与秦文合者。斯作《仓颉篇》，中车府令赵高作《爰历篇》，太史令胡毋敬作《博学篇》，皆取史籀大篆，或颇省改，所谓小篆者也。是时秦烧经书，涤除旧典，大发吏卒，兴戍役，官狱职务日繁，初有隶书，以趋约易，而古文由此绝矣。自尔秦书有八体：一曰大篆，二曰小篆，三曰刻符，四曰虫书，五曰摹印，六曰署书，七曰殳书，八曰隶书。

这里有几个问题："秦文"是什么？其与六国文不合处何在？怎样罢法和同法？"八体"的分别何在？

按"秦书八体"，今天所见到的秦代实物材料还很不足。始皇以来的秦文，见有戈戟款识、颂功刻石、虎符、权量、诏版、印玺、瓦当等。其中大部分的字，确知是小篆，印玺文字应属"摹印"一类，其余六体，不易实指。此外从文献上知道有《史籀篇》中的大篆，还有《说文解字·叙》中所说"马头人为长，人持十为斗，虫者屈中，苟之字止句"等几个"秦之隶书"。实物中各项字迹之间，无论构造或风格，都有同处和异处。例如始皇五年的吕不韦戟（图30、图31）刻画潦草，构造奇异，与六国一些器物中草率的文字相似，而戟中的"诏事"二字的构造和风格则又接近小篆。新郪虎符作于二十六年之前，也接近小篆。但凡二十六年同文以后的文字构造，则都是小篆，只风格上相互略有差别。如颂功刻石最为庄严郑重，权量诏版多见潦草的现象。所以论"秦文"应从二十六年同文为限，前后划分两截：前截字体原很复杂；六国"不与秦文合"的，只是不与后截通用的"标准体"小篆相合而已。

关于罢和同的方法，我们看到秦人不但消极地不再通行使用那些"不合者"，而且还积极地重编字书如《仓颉篇》等来推行小篆。

今据秦书不全面的实物，再结合文献来做总的考察，"秦书八体"，实有四大方面：一是小篆以前的古体，即大篆；二是同文以后的正体，即小篆；三是新兴的"以趋约易"的俗体，即隶书；四是其他不同用途的字体。

自上观之，秦人对于文字既用法律手段进行同和罢，而秦文在不同用途上风格又不尽同，例如颂功刻石与权量诏版书写风格不同等，可知当时曾对于字体的书写风格在用途上各划出它们的范围，不得相混，所以规定字体名称，实是有其客观需要的。换句话说，这也是"同文"手段中的一个环节。

秦代正体或说"主流"，既是篆书，"篆"又怎么讲？按《说文解字·竹部》：

篆，引书也。

什么又叫"引"？《说文解字·丨部》：

丨，上下通也。引而上行读若囟，引而下行读若退。

可见"引"是画线、画道。再看"篆"这个字是"从竹象声"。古代车的毂约上画的花纹叫"篆"，《周礼·春官宗伯》下"孤卿夏篆"，《郑注》"五采画毂约也"。又钟带上的花纹叫"篆"，《周礼·冬官考工记》下"钟带谓之篆"。圭璋琮上的花纹叫"瑑"，《考工记》下"瑑圭璋八寸"，又说"瑑琮八寸"。《郑注》："瑑，文饰也。"又在训诂上"椽"是圆形的椽，"缘"则有边缘、围绕、缠绳等义。这些都是从"彖"得声的字，可为篆的旁证。因知篆至少两方面的基本含义：一是形状是圆的；二是用途是庄严郑重的。

再看秦代颂功刻石的篆字，不但笔画的轨迹没有硬方折的，其笔画线条也极匀净，比起商周铜器上的文字来，图画性减少，而便化的、图案的、线条的符号性增强。例如 之为山， 之为 。所以称为"引书"，正说明它已变成了匀净的线条组织了。所见秦文中不合这种庄严圆转风格的"约易"字体，便被加上"隶"的卑称。

四

籀文、大篆

"籀文"是什么样？在哪里有？为什么得名为"籀"？

籀文最可靠的样本，要属《说文解字》（以下简称《说文》）重文中注出是籀文的那二百二十五个字。此外石鼓文常被人指为是籀文，但论证并不充足。

至于为什么得名为籀？按汉代人说，籀文是《史籀篇》中的字，而《史籀篇》是周宣王时太史名籀的人所作，因而得名，这一说相沿最久。至近代王国维先生在《观堂集林》卷五《史籀篇疏证》中又提出新说：因为《苍颉篇》首句是"苍颉作书"，所以推测《史籀篇》首句也必是"太史籀书"。这里"籀"字是"抽读"的意思，不是人名。又说《说文》里"存其字谓之籀文，举其书谓之《史篇》"。并说"籀文非书体之名"。又在《观堂集林》卷七《战国时秦用籀文六国用古文说》一文中说籀文是西土文字，古文是东土文字。又在同书同卷《〈说文〉所谓古文说》一文中，也涉及这个问题，此外还有不少人对于《史籀篇》中的字是否周宣王时人所作，提出疑问，也有不少人对于王国维先生的说法提出争议，这里不再多举。总之，《史籀篇》这个书名，是由于太史籀，还是由于抽读，现在姑且不论，而"籀文"的名称是从《史籀篇》书名而来，则是毫无疑义的。

现在值得探讨的，是以下几个问题：（1）"籀"是否字体名？（2）如果是一种字体，为什么仅仅《说文》里有二百多字？（3）它的形状有什么特点？（4）石鼓文（图26）是否籀文？（5）《史籀篇》是否周宣王时人所作？下面依次研究。

（1）《汉书·艺文志》说"史籀十五篇"，注云"周宣王时太史作大篆十五篇，建武时亡六篇矣"。又说："《史籀篇》者，周时史官教学童书也。与孔壁中古文异体。"《说文·叙》说："及宣王太史籀著大篆十五篇，与古文或异。"从以上的材料中得知名为《史籀》的十五篇书，即是名为《大篆》的十五篇书。那么大篆这种字体名，即是《史籀篇》中的字样，应无疑义。《说文·叙》中提到本书体例时说："今叙篆文，合以古籀。"可知《说文》重文中标明籀文的二百二十五个字，即是《史籀篇》中的字。大篆既明列为八体之一，那么说籀文是大篆这一体的浑称或别名，似乎亦无不可。问题只在于籀之为体，其特点是在于组织构造，或在于艺术风格，还是二者俱有罢了。

（2）籀文既是一种字体，为什么《说文》里只出二百多字？按自段玉裁《〈说文·叙〉注》以至王国维先生《史籀篇疏证》和《〈说文〉今叙篆文合以古籀说》考知《说文》体例是，凡古文、籀文与小篆相同的字出小篆；与小篆不同的字才出古、籀。可以说《说文》中小篆各字包括了可能包括的古、籀，而所出的只是与小篆组织构造不同的古、籀各字而已。段后王前还有许多学者提出过这样的论证，今不具引。

再举一个字的例证来说明：文字的发生孳乳，必先有"一""二""三"。后有"弌""弍""弎"。而《说文》所出的古文中，只有"弌""弍""弎"。乾嘉诸学者考订那种"一""二""三"，是古、篆同有的字，所以只出小篆。也就是说：小篆的"一""二""三"已包括了古文。今按魏《正始石经》（图64）的古文中，固然有从"弋"的"弌""弍""弎"。但《春秋》文公十一年残石中另有"一"字，古、篆、隶三体都作一横画的"一"。僖公部分残石中又有"二""三"各字，也都只是两三横画并不从"弋"的字。可见"古文经"中原是两种俱有，许慎用小篆统率古、籀，其体例愈发明显了。况且《说文》的著书目的是为解释经书，并不是要客观罗列各种各类的古字体来作成一部古代文字汇编性质的书。所以即使不是包括于小篆的字，也未必毫无放弃的。即如"奇字"一项，原是"新莽六书"之一，但《说文》中只出"仓、儿、无、晋、叴"五个字。难道当时的"奇字"仅只有这五个字吗？岂有仅仅五个字即被列为一体之理！这不难推测，"奇字"对于《说文》所要求的解经目的关系不大，所以并不全出。

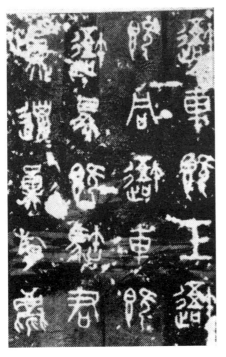

26.秦石鼓文　　　　　　　　　　64.正始石经

从以上的种种因素看来，《说文》只出籀文二百多个字，是可以了然的。

（3）籀文的形状有什么特点？《史籀篇》既亡，《说文》一书又是屡经传写的，籀文的笔法风格也无从印证，只剩了这一部分与小篆组织构造不同的二百多字。所以古器物上的字即使原来是用《史籀篇》中的字写的，我们也无从确指。因此清代以来，虽有许多人作《说文古籀补》，但都笼统地说"古籀"，没有人能够明说某字是补的古、某字是补的籀，正是这个缘故。

籀文究竟有什么特点？从前还没有人做过具体的界说或描述。王国维先生在《史籀篇疏证序》里曾分析说：

> 史篇文字，就其见于许书者观之，固有与殷周间古文同者，然其作法，大抵左右均一，稍涉繁复，象形象事之意少，而规旋矩折之意多。推其体势，实上承石鼓文，下启秦刻石，与篆文极近。

按所谓"象形象事之意"，即是图画性；"规旋矩折之意"，即是线条的、便化图案的符号性。但我们看两周铜器中这种现象也不是没有的。有些铜器的铭文中呈现一种由两项条件所组成的特殊迹象，那两项条件是：（甲）笔画线条较匀，不是随形轻重的，接搭处也没有凝结的样子。（乙）有竖行气，也有横行气，或更有方格，在格中写字。凡这两项条件同时具有的，那字的风格便有王国维先生所说的那些现象。

无格而有横竖行气的例如：史颂簋（图12）、虢季子白盘、陈曼簠（图17）、大良造鞅量（图28）以至石鼓文（图26）等等。

有格的例如：宗妇簋（图14）、秦公簋（图27）、曾姬无恤壶（图20）、聂氏钟（图19）等等。

还有虽然有格，而不按格写字的，像小克鼎（图13）等，便与无横竖行气的铭文字体相同，轻重不匀，而"象形象事之意"仍是较多的。

再看曾伯陭壶（图15）壶内的铭文，横竖行气都有。便有上述的那样风格，在壶盖周围的铭文，是环形的两圈字（图16），词句完全与壶内的相同，而字的风格看去便似不一样。秦大良造鞅量（图28）的字有横竖行气，便与秦大良造鞅镦（图29）不一样。这当然还有用途不同的关系。从这里看出"左右均一""规旋矩折"的特点，并不能算《说文》中籀文所独有的特点，同时也不能说凡有横竖行气的器物铭文便都是籀文。至于"稍涉繁复"，似更不能成为特点，因为秦代以前各种器物铭文的字，比小篆繁复的很多，也不足以证明它们都是籀文。

（4）石鼓文是否籀文？按指石鼓文为籀文是从唐人开始的，《史籀篇》唐时已亡，其取作比较的根据，也不外乎《说文》。自其风格看，石鼓文也是笔画作匀圆线条，又有横竖行气的；自其构造言，石鼓文中只有"树、圃、晶、嗣"四字和《说文》

12.史颂簋

17.齐陈曼簠

13.小克鼎

14.宗妇簋

15.曾伯陭壶

16.曾伯陭壶盖

19.矞氏钟

20.曾姬无恤壶

27.秦公簋

28.大良造鞅量

29.大良造鞅镦

中籀文相同。而石鼓文的"树"字还多一笔，严格说只有三字相同。其余各字和《说文》中籀文全不相同。如说其余字是包进小篆的字，而石鼓文却有许多字并不见于《说文》小篆；如说它们是建武时亡佚的六篇中字，那唐人又从何知道的呢？

总之，《史籀篇》既亡，可作比较的依据不足，大前提不能确立，所以也无从确指《说文》所出的二百多字以外哪些字是籀文。那二百多字的书写风格有什么特点，也无从知道。退一步说，姑信《说文》中能传籀文的风格面貌，也姑信那些有横竖行气的铭文即属籀类。但那些铭文许多已在西周前期出现，那便更足以说明《史籀篇》成书不晚了。所以确指石鼓文中字即为籀文，根据是不足的。

（5）《史籀篇》是否周宣王时的作品？今不论史籀是谁，也不论这书是否周宣王时所作，先说《史籀篇》是中国历史上最古的一部字书，应无问题。按在古代把文字整理编订成为一部教科书，是一件大事，常发生在政治文化强盛或有所改革的时代。那么，《史籀篇》纵非出于宣王时，也绝不会出自衰季之世。所以汉代人所传的说法，我们觉得有其一定的原因。如果说图案性强的字，是较后于图画性强的字，而《史籀篇》中已多采取了图案性强的字，这可以说明籀文是周代一种包括构造与风格都严肃而方便的新兴字体，这种字体被采用在当时的教科书《史籀篇》中。可惜今天除了《说文》中那二百多字之外，已不能实指哪些字是，哪些字不是了。

五

古　文

"古文"，有广狭二义。广义的，凡小篆以前的文字都可以称为古文。如《说文·叙》说："郡国亦往往于山川得鼎彝，其铭即前代古文，皆自相似。"鼎彝，商、周都有，则其所指的古文，范围自然很广。狭义的，是指秦以前写就的书籍中的字，特别是秦以前所写的经书中的字。

《说文》中所出的古文共五百一十字，是古文经中与小篆组织构造不同的字，它们与籀文同例，都是小篆所不能包括的异体字。《说文》分注古文、籀文，还有标明它们书篇出处的作用。

《汉志》说《史籀篇》字"与孔氏壁中古文异体"，而《说文·叙》说《史籀篇》字"与古文或异"，这并不矛盾。《汉志》是记书籍，说明二书中的字体不一样；《说文》是说解文字，尤其是讲文字的组织构造，又经过字字排比，知道它们的构造有异有同。

至于这些狭义的古文，是什么时候的字体？它与籀文谁先谁后？《说文·叙》说："及宣王太史籀著大篆十五篇，与古文或异。至孔子书六经，左丘明述《春秋传》，皆以古文。"这里是说史籀改变了他以前的古代字体。而孔子、左丘明则仍沿用了古代字体。这是认为《史籀篇》中字是新兴体，而古文经中字是旧体。王国维先生在《战国时秦用籀文六国用古文说》中说："六艺之书，行于齐鲁，爰及赵魏，而罕流布于秦（原注：犹《史籀篇》之不行于东方诸国）。其书皆以东方文字书之。……是六国文字即古文也。……此语承用既久，遂若六国之古文即殷周古文，而籀篆皆在其后，如许叔重《说文·叙》所云者，盖循名而失其实矣。"按所谓"此语承用既久"，是指"古文"这一词语沿用久远。

孔壁中古文经的抄写时代，固然不能知道，但往上不会早于孔子生存的时间；还有汉代内府藏书中所谓"中古文"和一部分私家所藏的古文经籍，上限更不可知。但它们的下限都不会晚于秦始皇三十四年，自然可以说它大致是六国时的写本。又其中文字经过传写，必会染上时间、地区、写者的种种色彩。但移写经书，必不能完全离开古字的构造，清人所见的"殷周古文"，只是一部分甲骨和铜器上的文字，这在比较研究古代字体上是不够全面的。我们知道比较研究古代字体，除时间这一个条件外，必须兼顾到用途、工具和方法的种种条件，即如碑版与抄书不同，抄书又有工整、草率的不同。抄书与碑版相比，不但书写风格有差异，字的组织构造也常有所不同。商周鼎彝铭文，不但用途是隆重的，虽有"弄器"，但占少数，而且方法多是范铸的，与手写的简册自不尽同，与刊刻的甲骨也不尽同。所以拿甲骨上刊刻的和铜器上范铸的"殷周古文"来与手写在简册上的古文经做比较，从风格到构造，也常是不易吻合的。即在今天，这方面可作比较研究的资料也还不甚齐全，例如西周与秦未见墨迹、六国未见刻石等，所以在进行比较研究时，仍有一定的局限。①

现在姑从《说文》所出的重文异体字中看看古文和籀文，除了每个字的组织构造外，还有什么差别迹象。按《说文》所出的古文共五百一十字。其中包括同字异形的重文五十字。这五十字中，同一个字多到三种不同构造的，即有"及、杀、篡、鹬、箕、良"六个字，其他同一个字而有两种不同构造的便有四十四字。

至于籀文，《说文》中共出二百二十五字。其中同一字而有异形的只有"其、墙"两字，而每个字也只有两种不同构造。换句话说，就是二百二十五字中，只有两个"其"字，两个"墙"字，其余的字全不重复。

以上七百三十五字中，古文有此字，籀文亦有此字的，共四十二字，其中古、籀构造形状完全无分别的，有"马、盟"

_____

① 重版时著者按，战国刻石今已见，见附图1。

二字，古、籀互相假借的，有"虪、鼎"二字。

从以上的一些迹象看来，可见籀文在构造规格上不像古文那么多样。如果说构造安排较整齐是籀文的特点之一的话，再合起来加以推测，可知《史籀篇》中各字的规格要求是较为严格的。而古文中同字异形的字所以较多，是否与它流传的时间较长、地区较广有关？似乎也值得加以考虑。

总起来说，大篆之前和与它同时的字，原不止一种。周编《史籀篇》字书，做了一次整理编订，这是周代的一种新体字。但书中的字并不见得即是这时新造的，连前总括可以称为广义的古文。秦人依据《史籀篇》字"或颇省改"，成为秦的"正体字"，即小篆，于是尊谥《史籀篇》字为大篆，所以大篆得列于"秦书八体"。古文经也曾在秦流行，例如张苍曾为秦御史，即藏有《古文春秋左氏传》，到汉朝才献出来。而秦的禁止经书，是始皇三十四年的事，这年以前，经书在秦原是流行的。大篆是小篆的本生父，所以得列于"八体"。古文经中字则是小篆的伯父、叔父，甚至某代祖辈。与当时的"正体字"不是嫡传关系，所以没有地位。"亲尽则祧"，再加受到小篆的排挤，且不免于烧，于是终致"绝矣"。所以广义的古文可以包括"秦书八体"中的大篆；而"秦书八体"中的大篆，则是指那些《史籀篇》中的字而言的。纵然大篆中某些字也同具狭义的"古文"的构造，但它并不能代表或包括狭义的"古文"。至于"新莽六书"中的古文，虽仅指古文经字，但再加上"奇字"一项，便可兼包其他古体字。因为新莽时古、籀已同是远亲，况且莽重托古，与秦之尚今不同，正不妨都搬出来，装点门面。

所以说西土的秦国曾用籀文是事实，但难说秦未有过广狭二义的古文，只是未把籀文之前和籀文之外的古文算作"正体"来承认和使用罢了。东土的各国曾否行过籀文，未见明文，而所谓"左右均一""规旋矩折"一类情形的字体，东土各国并非没有过的，例如曾姬无恤壶（图 20）、陈曼簠（图 17）、骉氏钟（图 19）等等。

科斗书

"科斗书""鸟虫书""虫书"，实际是同体的异名。按这三个名称发生的次序，是先有"虫"，次有"鸟虫"，后有"科斗"。为了探讨线索的方便，倒过次序来叙述。现在先谈科斗书。

"科斗"亦作"蝌蚪"，用为书体之名，始于汉末。王国维先生有《科斗文字说》一文，载在《观堂集林》卷七，历引汉晋有关史料：汉末卢植上书云："古文科斗，近于为实。"所指用"科斗"体写的书籍，是《毛诗》《左传》《周官》。郑康成《尚书赞》云："书初出屋壁，皆周时象形文字，今所谓科斗书。"杜预《春秋经传集解后序》指汲冢书为"科斗"。《春秋正义》引《王隐晋书束皙传》亦指汲冢书为"科斗"，又说"科斗文者，周时古文也。其头粗尾细，似科斗之虫，故俗名之焉"。

是汉末和魏晋人因古代书册写本的字体笔画像科斗之虫，

所以称为科斗。但这种字体，后人少见，只有魏《正始石经》中有之。《说文》虽有古、籀，但辗转传刻，面貌很不足凭。又遇到晋代卫恒说了一段话，于是大家对于这种字体的可靠性便产生了怀疑。卫恒的《四体书势》说：

> 汉武时鲁恭王坏孔子宅，得《尚书》《春秋》《论语》《孝经》，时人已不复知有古文，谓之科斗书。汉世秘藏，希得见者。魏初传古文者，出于邯郸淳，恒祖敬侯写淳《尚书》，后以示淳，而淳不别。至正始中立三字石经，转失淳法。因科斗之名，遂效其形。太康元年，汲县人盗发魏襄王冢，得策书十余万言，按敬侯书，犹有仿佛。古书亦有数种，共一卷论楚事者，最为工妙。……

按敬侯即卫觊，晋初的书家。临摹邯郸淳字似真，固属可以理解。至于与卫觊相比，认为《正始石经》"转失淳法"，便有问题发生：所谓"淳法"，是指文字的组织构造呢，还是指书写风格呢？如果是字形构造的"失"，那便完全成了"错别字"，不仅只"失法"而已矣。观其所谓"效科斗之形"，明是笔画姿态的问题，也就是艺术风格方面的问题。再看《正始石经》古文的笔法，这一次是否写碑人杜撰的呢？

从商代文字看起，甲骨、玉片、陶片上凡用朱或墨写的字，都有一种情状，即是笔画具有弹性，起处止处较尖，中间偏前的部分略粗，表现了毛笔书写的特色。在两周铜器上也出现过这样的字，例如智君子鉴（图18）、嗣子壶等。还有楚帛书、长沙仰天湖楚简（图24）、信阳楚简（图25）等。虽然互相有其差别，但总的风格上都属于同类，是古代的一种"手写体"。这种弹性与商周某些铜器上随形轻重和接搭凝结的笔画姿态并不相同。可见《正始石经》的古文纵然有失掉"淳法"的地方，但并不同于伪造。

为什么说"因科斗之名，遂效其形"呢？我们看无论上边所举古代墨迹或前举鉴、壶等铜器中的哪一件，笔画的弹性都很自然，并不是死板地每一笔一定墨守头尾尖、胸部粗的固定样式。这在商陶片的"祀"字上即看得非常清楚，长沙楚简也和信阳楚简的弹力不同。回头来看魏石经的古文，实有一种毛病，即是笔画的弹力表现得非常呆板一律，胸部都较夸大。其实这也不难理解，把简册上的字移写入碑，便有整齐一律的要求，即如汉隶书的木简中春君等简，总算是最工整而接近汉碑的了，武威出土的《仪礼》简更是精写的经书，但拿来和《熹平石经》（图55）比较，仍然有手写的和刊刻的差别。又如楚王舍肯盘（甲）（图22）字，因为是要作花体装饰用的，所以夸张处更为强烈，尖处更尖，胸部更大，也可以为《正始石经》的古文解嘲。所谓"效科斗之形"，实即是笔画胸部过肥而已。

可以了然，"淳法"的失掉，至少包括两层关系：一是因

18.智君子鉴

22.楚王酓肯盘（甲）

55.熹平石经

24.长沙仰天湖楚简　　　　　25.信阳楚简

为每个书写人的个性风格不同，所以在传抄转写时不能不有其差异；二是碑版和简册的用途不同，所以艺术效果的要求也就不同。那么可以说，《正始石经》虽然笔法上某些地方失了"淳法"，但字的组织构造和它所属的大类型、总风格，都是有其出处，不同于杜撰的。

王国维先生在同一篇文中又引《王隐晋书束皙传》说："有人于嵩高山下得竹简一枚，上两行科斗书，司空张华以问皙，皙曰：此汉明帝显节陵中策文也。检验果然。"王先生据蔡邕《独断》、杜佑《通典》证明："汉代策文皆用篆，不用古文。"于是认为这是魏晋间扩大了"科斗"这一名词的范围，并说"凡异于通行隶书者，皆谓之科斗书，其意义又一变矣"。

按《独断》之文见卷四述汉制简策篆书的事。《通典》之文见卷五十五，乃述晋代沿袭古制"竹册篆书"的事。这里"篆书"一词，有两种解释的可能。一是把"篆书"当作大类型的名称，其中可以包括古文。因为汉末时小篆也成了"古体字"。《仪礼·聘礼疏》引《左传·服虔注》："古文篆书，一简八字。"可见古文这时已统属于篆书这一大类中。那么《独断》《通典》中所说的篆书是否包括古文或科斗在内？现在是不易判断的。其次是"科斗"一名为篆书类手写体的总诨称。因为科斗的得名，是在于笔画起止出尖锋、行笔先重后轻的特色，也就是手写体富有弹力的特色。汉陵策文是在竹简上手写而成的，那么"科斗"一名，实际是"篆"这一大类手写体的总诨称，包括手写的古、籀、篆。在汉陵策文得到新证明之前，我以为第二种解释的可能是较大的。

再看汉代篆书墨迹，我只见到敦煌木简中的甲子简等和武威的一些铭旌，都表现笔画的弹性，有时还看到笔肚较肥处。《正始石经》中的小篆，笔画虽较匀细，但常见入笔顿挫，收笔保留尖锋的手写特色。我们知道《正始石经》是从简册上移写入碑的。《后汉书·蔡邕传》说："奏求正定六经文字，灵帝许之，邕乃自书册于碑，使工镌刻，立于太学门外。"按"书册于碑"即是将册上的字写入碑中，可为魏刻石经的旁证。殿版《后汉书》的《考证》说"册字何焯校本改丹"。按涵芬楼影印绍兴本《后汉书》亦作"册"。何氏只从"书丹上石"问题上着想，没从移写入碑的问题上着想。这种移写既要保存简册上字的原来样式，又要符合碑版用途的工整风格，所以造成与那些古简册墨迹不同的呆板气息。

这种篆类手写体的传统，到唐代还仍然保持。我们看唐写本《说文·木部》残卷（图92），其中无论古文、籀文或小篆，虽然笔画胸部并不太肥，但都是带有尖锋的。日本古写本《说文·口部》残卷十二字（图93），抄写格式与唐写本《木部》笔法相同，也是手写体的风格。王国维先生说："孔壁汲冢古文之书法，吾不得而见之矣。《说文》中古文，其作法皆本壁中书，其书法，在唐代写本，与篆文体势无别；雍熙刊版，则古篆迥异。"（见《观堂集林》卷二十，《魏石经考》

五。）其实这不是唐写本"无别"，而正是唐写本保存了手写体的传统。而宋雍熙刊版《说文》，有意求篆书的庄严郑重，把它写刻得特别圆些而已。其实细看宋版本（图94），篆书起止的笔锋仍在，比起明清一般刻本（图95）那样十足匀圆，还是有所不同的。

王国维先生在这篇文中还历数自《正始石经》以下，郭忠恕《汗简》、夏竦《古文四声韵》，吕大临、王楚、王俅、薛尚功等人所摹的三代彝器，以至清代的《西清古鉴》，都是用两头尖的笔画。说这种笔画的字体"盖行于世者几二千年，源其体势，不得不以魏石经为滥觞"。而在文中前部先引了卫恒"转失淳法"之说，又把宋人所摹的彝器款识和近代的金文拓本相比较。在这篇文中可以看出王国维先生也在怀疑这样的字体，不过说得婉转罢了。今天我们知道这正是篆类手写体的传统风格，溯源可以直到商代。

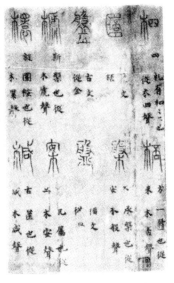

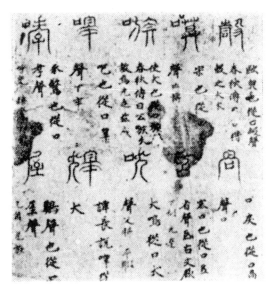

92.唐人写《说文解字·木部》　　　　93.日本古写本《说文解字·口部》

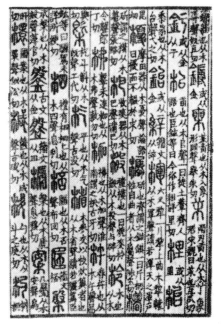

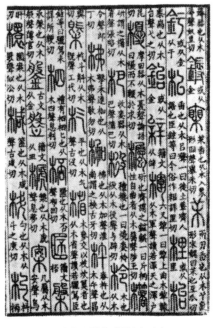

94.宋版《说文解字》　　　　95.清藤花榭本《说文解字》

七

鸟虫书、史书

　　还有"虫书""鸟虫书"的问题。《说文·叙》记"秦书八体","四曰虫书",没有说明用途。又记"新莽六书","六曰鸟虫书,所以书幡信也"。《汉志》载太史试学童"六体":"六体者,古文、奇字、篆书、隶书、缪篆、虫书。皆所以通知古今文字,摹印章、书幡信也。"按"秦书八体"与"新莽六书"和汉太史"六体"有继承关系,本是非常明显的,所以现在先从"书幡信"的字来研究新莽的鸟虫书、汉太史的虫书,然后再向上推论秦的虫书。

　　由于幡信不易保存,所以秦汉的幡信,久已无人见过。近年武威发现许多的汉墓,包括西汉至东汉晚期的,其中发现许多铭旌。东汉末的铭旌上的字,有接近隶书的,有笔画匀圆的。东汉前期的,像武威铭旌(图 50)的字,组织构造是篆类,笔画带有尖锋。幡信是纺织品,不容刊刻,所以必须手写。幡信本不限于铭旌,而铭旌却属于幡信类。铭旌是在灵前举扬的，性质极其郑重，因之要用古体或"雅体"的字。可以明白，所谓鸟虫书，实际也就是篆类手写体的别名。所以称为鸟虫，不过是说它的弹性笔画又像鸟又像虫而已。

再看秦代的虫书。按"秦书八体"，以风格得名的有大小篆；以用途得名的，有刻符、摹印、署书、殳书、隶书。至于虫书，如果是有特殊形体构造，则不合于秦代"同文字"的精神；如果是以用途得名，又是做什么用的？汉代既明确标出书幡信，秦代何以不标明？如果秦代也只是书幡信，又何以不称为"幡书"？现在从以上对于科斗、鸟虫书的研究，可以明白，秦之虫书，即是大小篆的手写体，所以无从专提用途。我们只要看那些颂功刻石，笔画匀圆，绝非不经加工的手写原样，那么日常用笔书写的文字，明摆着是一大宗风格，所以需要给它立一个名称。至于汉代日常通用的字体，已不是篆类，古体字已成为某些用途上的门面物，它的用途范围于是缩小到题写幡信等物，这也是自然的趋势。

由于铭旌上的大字，使人联想到汉代碑额。它们常表现手写体的特色。像汉尹宙碑额（图57）的笔画，头尾尖、胸肚肥，固然最为明显，即其他汉碑额，也常见活动顿挫的姿态，与秦刻石那种整齐匀圆的样子，往往不甚相同。这个风气，一直影响到南北朝的一些碑额、墓志盖。例如北魏嵩高灵庙碑额（图73），笔锋起处收处都极明显；东魏高盛碑额（图78）字虽力求肥重圆浑，但笔画起止的地方，仍然似乎有意识地要表现出一些尖锋。其他碑额、墓志盖也常有这种现象。这也可以见到古代字体的某种方法和风格，在某种用途上成了习惯或制度以后，即使演变日久，也会遗留一定的痕迹。只是现在还不能确定它们是"幡信"的旁支，还是"署书"的后裔。

此外牵涉到一个问题，即是许多古器物上所见带有小曲线装饰或鸟形装饰，以及接近鸟状的字（图21），很多人称之为鸟书，也有人指为鸟虫书，实际都是一种"花体字"。它们是否即是"秦书八体""新莽六书""汉太史六体"中的虫书或鸟虫书呢？

按今天所见的幡信类中的汉代铭旌，还没有一个是用那种带有小曲线装饰或鸟形装饰以及接近鸟状的字体来写的。先秦器物上所见这种字体，多数是兵器上的款识，另一部分是钟上的款识，少数是其他器物上的款识。到了汉代，才见于印文（图52）。按《说文·殳部》："殳，以杸殊人也。《周礼》：殳，以积竹八觚，长丈二尺，建于兵车，车旅贲以先驱。"又："杸，军中士所持殳也。司马法曰：执羽从杸。"又《几部》："几，鸟之短羽飞几几也。读若殊。"可知古代兵器和鸟羽装饰曾有密切关系。那么兵器上的文字多作鸟形装饰，也就不难理解了。因此那种带有鸟形装饰的文字是否即是"秦书八体"的"殳书"呢？为了慎重，暂且不作肯定。但至少可以说，汉代文献中并未见有实指这种字即是鸟书的记载或线索。六朝以下的著述中，对于古字体名的推测，多不可靠，它们常给一些花体字命以专名，动辄达到十几体甚至几十体，所以现在不引、不据。

73.北魏嵩高灵庙碑额

78.东魏高盛碑额

50.武威铭旌

52.赵婕妤印

57.尹宙碑

21.楚王酓璋戈

当然，我们今天并不妨给它们命以鸟书、虫书之名，即如甲骨文、钟鼎文、金文等命名之例。但这与探讨秦、汉当时书体名实问题，似乎是两回事。再退一步说，至少书幡信的字体之所以得鸟书之名，未必由于它带有鸟形装饰。

再看《三国志·王粲传注》引《魏略》说邯郸淳："一名竺，字子叔，博学有才，又善苍雅、虫篆、许氏字指。"我们知道邯郸淳写的古文最著名，那么所谓虫篆即是被卫觊所模仿过的古文，即是《正始石经》"转失淳法"的古文，也就是手写体的古文。因此也可知科斗即是虫篆的别名。

又《三国志·魏志·卫觊传》说他"好古文，鸟篆、隶、草，无所不善"。又《后汉书·阳球传》记载阳球奏罢鸿都文学时说："或献赋一篇，或鸟书盈简，而位升郎中。"又《后汉书·蔡邕传》称灵帝："初，帝好学，自造《皇羲篇》五十章，因引诸生能为文赋者。本颇以经学相招，后诸为尺牍及工书鸟篆者，皆加引召，遂至数十人。"以上三条资料提到鸟篆时都是指书法艺术，而不是从能认识、讲解古字角度而说的。并且在与撰文相对提出书法艺术时，只提鸟篆，并无小篆及其他字体。这可以窥知当时对于手写"庄严古雅"的字，也即是手写体的篆书，都称为鸟篆。因此可知秦汉所谓的史书和鸟虫书，只是篆书手写体的一种诨称，与带有小曲线装饰或鸟形装饰以及接近鸟状的花体字似非同类。

八

隶书、左书、史书

按"隶书""左书""史书"和"八分",都是同体的异名。现在分别加以探讨。

什么叫隶书？我们已知就是徒隶的字,是"以趋约易"的"俗体字"。所谓俗体,有两种情况:一是组织构造方面的,自《说文》以下,像《干禄字书》《九经字样》直到《康熙字典》,全都对于所谓正字和俗字有所辨别。例如《康熙字典》所载:"吻、酬、羣、冰"是正字,"脗、酧、群、氷"是俗字。一是艺术风格方面的,如说"院体书俗",传说李邕自称的"似我者俗"等等。

《书断》卷上引蔡邕《圣皇篇》"程邈删古立隶文",此后都承认隶是程邈所作。按字体本是约定俗成的,一人创造一种字体的说法,自是不合情理,但一人编一种字书,以及创始一种风格或流派,则是很可能的。现在为叙述方便,姑仍沿用程邈之名。这种隶,究竟是什么样子？我们所见到的秦代文字实物，已如前边第三节所述。其中最郑重的是颂功刻石的字，自是标准篆书。最普通常用的字，是一般权量和诏版的字，其字有较工整的如瓦当（图 36），也有很潦草的如诏版（乙）（图 35）。即工整一类的，也和颂功刻石的风格不同，而潦草一类的，更饶有"以趋约易"的现象。但不论工整的或潦草的，都有一种特点，即是虽构造不同，而笔画轨迹常是硬方折的，不像颂功刻石那样匀圆。再看《说文·叙》说"新莽六书"："三曰篆书，即小篆，秦始皇帝使下杜人程邈所作也。"按新莽时的遗文、篆类的字，常见方折轨迹的，或较潦草的。虽有较圆的字，但并不多。至于嘉量中间的铭文（图 44），最为庄严郑重，但也就愈发方硬了。可见这些即是新莽时的小篆。这固然也可能含有用途的因素，例如汉代铜器款识（图 43）常是一种方硬的字，但嘉量中"黄帝初祖"一段主要铭文，比起同一器上其他记录容量的款字，反倒更为方硬，可见这时是愈郑重愈求方硬。这时的篆书既称为"程邈所作"，那么秦时所谓程邈的隶书，当即那些硬方折的或较潦草的字体了。我们知道，方折散开的笔画，写起来实比圆转勾连的方便得多。而圆转勾连中的许多细节，也就容易被省略去了。再加潦草随便，这当即是"俗"处，不标准处。最初由篆变隶时，恐也就是从这种地方变起的。

许慎所以加上"秦始皇帝使下杜人程邈所作也"十三字，正是怕读者不明白新莽小篆和秦隶的关系。而后世习知"程邈

36.瓦当

35.诏版（乙）

43.汉铜鼎

44.新莽嘉量

作隶"，又习知汉碑中字体是隶，于是发生混淆。如《汉书·艺文志》颜师古注说："篆书谓小篆，盖秦始皇使程邈所作也。隶书亦程邈所献。"这是骑墙之论。至段玉裁《〈说文·叙〉注》便说那"秦始皇帝"等十三字是错简，应在"新莽六书"的"四曰左书，又秦隶书"一条之下。这都是没理解名同实异的变化关系。又可见前代俗体到了后代便成为正体或雅体的规律。

至于秦代有无更接近汉隶的字体，今日还未发现秦代手写的狱讼军书，实物资料还不全。但《说文·叙》里说：

> 诸生竞逐说字解经谊，称秦之隶书为仓颉时书……乃谓曰马头人为长，人持十为斗，虫者屈中也。廷尉说律，至以字断法，苛人受钱，苛之字止句也。

什么是"马头人"呢？《段注》说："谓马上加人，便是长字，会意。……今马头人之字罕见，盖汉字之尤俗者。"照这样说，这字应是"龕"样，的确没有见过。按段氏实误读许说，"马头人"即是用"马"字的头来作这个字的上部，下边再加"人"字，即是汉隶的"长"字，与"先人为老"的"魖"同例。至于篆书"斗"字作"乑"，并不作"人"旁"十"字的"升"。但汉隶的"斗"字却正作"升"。篆书的"虫"字作"ㄗ"，也不作"中"字下边弯曲，但汉隶却作"虫"。"苛"字汉隶或作"峇"，而汉隶的"卄""ㅛ"头又常与"止"头相混，例如"歬"隶变作"歬"，再变作"前"，即是一证，"可"字又讹为"句"，所以"苛"字说成"止句"。足见这种写法的"长、斗、虫、苛"，实际都是汉碑和汉简中的字。许慎说它们是"秦之隶书"，可见这种构造的字秦代已有了。这是由于笔画方折的风格变化，已经影响到某些字的构造变化了。

我们又知道，一种字体不会是一个朝代突然能创造的，汉代日常通行的正体字，也就是阳泉熏炉（图42）、太初简（图37）、春君简（图48）、华山碑（图56）、熹平石经（图55）一类的字。它们必然有前代的基础，至多是有所加工整理罢了。所以无论是硬方折轨迹的俗作，或"长、斗、虫、苛"的俗体，对篆来说，都是隶书。

至于左书，又作佐书，究竟是什么样？《说文·叙》记"新莽六书"：

> 一曰古文，秦始皇帝使下杜人程邈所作也；……二曰奇字，即古文而异者也；三曰篆书，即小篆；……四曰左书，即秦隶书；五曰缪篆，所以摹印也；六曰鸟虫书，所以书幡信也。

按《汉志》记汉律太史试学童"六体"，内容是："古文、奇字、篆书、隶书、缪篆、虫书"。可见新莽的"左书"即是汉的隶书，这是左书即是汉隶的证据之一。

42.阳泉使者舍熏炉

55.熹平石经

56.郭香察书华山碑

45.天凤元年简

48.春君、苏且简（正背各二）

37.汉太初简

附图2 秦律简

这里要附带辨别两个问题。一是《说文·叙》记述"秦书八体"之后，接着说："尉律：学僮十七已上始试，讽籀书九千字乃得为史，又以八体试之。……及亡新居摄……时有六书。"而《汉志》说："汉兴萧何草律，亦著其法，曰：太史试学童能讽九千字以上，乃得为史。又以六体试之，……六体者：古文、奇字、篆书、隶书、缪篆、虫书。"可知学童受太史考试始得为史，这是自萧何以来的汉律。而所试内容，却前后不同。西汉承秦之后，试以"八体"；东汉承莽之后，试以"六体"。《汉志》是以刘歆《七略》为蓝本，叙述没有《说文·叙》详细，好似萧何之律即试"六体"。这可知《汉志》所说的"六体"，即是"新莽六书"。二是莽小篆既是秦程邈作，而莽左书又是秦隶，并不矛盾，最初来源只是"走了样"的秦篆；线条仍匀，轨迹更方的，成了小篆；笔画起止加重，风格、结构走样更多的，成了莽左书：可谓同一来源、两路发展而已。

再看新莽木简，如天凤简（图45）即是汉碑中的字体，它既非古文、奇字、小篆，又非摹印和书幡信的字，自是当时的左书了。这是左书即隶书的证据之二。

又卫恒引崔瑗《草书势》云："惟作佐隶，旧字是删，草书之法，盖又简略。"亦可证佐即是隶，这是证据之三。

这里还可以往前推证秦有汉隶样的，或说有接近汉隶样的字。《说文·叙》说："四曰左书，即秦隶书。"我们已知"新莽左书"是这种样子，可知秦时已有天凤简那样或接近天凤简那样的字体，也就是前边所说"长、斗、虫、苟"那种字体了，但不知风格与构造哪一方面较多？我想这种秦隶的风格，还是手写特点较多的吧！①

至于左或佐的取义，《段注》以为"其法便捷，可以佐助篆所不逮"。其实佐之为职名，也就是"助理"之义。隶书在用途上固然是有此一说，但隶书之隶，是由于徒隶；佐书之佐，是否也是由于书佐呢？按汉代书佐地位很低，所以"新莽俗书"命以佐名，正如"秦俗书"命以隶名一样。汉西岳华山庙碑的写者是"书佐郭香察"，即是一证。按华山碑末分明题着"遣书佐新丰郭香察书"，但自宋至清若干人认为是郭香这人去察看别人的字迹，把写碑的人让给蔡邕，来抬高碑字的声价，是毫无根据的。

什么又叫史书？前人常误以为指《史籀篇》字，《说文叙段注》辨明是指隶书。段氏列举了《汉书·元帝纪》以下、《后汉书·和熹邓太后传》以下的材料共六条，说它们这些纪传中"或云善史书，或云能史书，皆谓便习隶书，适于时用，犹今人之工楷书耳"。这是对的。但为什么管隶书叫作史书呢？我想这与史的身份有关。古代的史，实是天子诸侯的文化奴仆。往上可以升为大官，往下不过是王侯的随身侍役。汉

---

① 重版时著者按：本文撰写时，湖北云梦睡虎地秦律简还没出土。现在看到了秦时手写的官狱职务文书（附图2），它虽有个别构造和细微风格与天凤简等不尽相同，但大都属于"长、斗、虫、苟"那种字体。可以印证本文当时推论尚不违背实际。

代一般衙门的某些小官吏叫作史和令史，天子的史与古代一样仍叫太史。职务与古代虽不尽同，但他们身份与职守关系的微妙是一样的。所见太史公司马迁说："文史星历，近乎卜祝之间，固主上所戏弄，倡优畜之，流俗之所轻也。"这可以说明史的书与佐的书是同一性质的。

九

八　分

什么叫"八分"？八分这个名词是汉末才有的。《古文苑》
卷十七中魏闻人牟准《卫敬侯碑阴文》说："魏大飨群臣上尊
号奏及受禅表觊；并金针八分书也。""飨"下原误衍"碑"
字，"觊"原误"颎"，"金针"一作"金错"。"受禅表觊"，是
说《受禅表》是卫觊所书的。又群书引宋周越《古今书苑》所
载蔡文姬的话说："臣父造八分，割程隶八分取二分，割李篆
二分取八分。"我们知道汉《熹平石经》的字体和魏上尊号碑
（图58）、受禅表（图59）的字体一类。《魏书·江式传》说：
"太学立碑，刊载五经，题书楷法，多是邕书。"邕，是指蔡
邕。《唐六典》卷十说："四曰八分，谓石经碑碣所用。"知八
分这一诨号，当时是指这类字体的。

何以到了汉魏之际，这种隶书忽然又出现了八分这个诨
号？这只要看汉永寿瓦罐（图51）、汉熹平瓦罐（图53、图
54）、魏钟繇表启（图61、图62、图63）、魏景元木简（图

59.受禅表

53.熹平瓦罐（一）

54.熹平瓦罐（二）

58.曹魏上尊号碑

67.吴谷朗碑

66.咸熙二年简

65.景元四年简

65）和魏咸熙木简（图66）、吴谷朗碑（图67）等等，即可知这时字体出现了一种新风格：笔画较轻便。例如汉碑中字横画下笔处下垂的顿势，所谓"蚕头"，收笔处上仰的捺脚样子，所谓"燕尾"，都没有了。这些字实是后世真书的雏形。这是当时的新俗体、新隶书，因为汉魏的正式碑版上并不见这类字。既有了新隶字，于是旧隶字必须给予异名或升格，才能有所区别，所以称之为八分。八分者，即是八成的古体或雅体，也可以说"准古体"或"准雅体"。蔡文姬所说："割程隶八分取二分，割李篆二分取八分"，不宜理解为篆和隶体若干数量的问题，事实上也无法那样去"割"。按汉时篆和篆以前的字体是古体或雅体，隶是通用的正体，草和新隶体是俗体。蔡文姬的话只是说明八成古体或雅体，二成俗体而已。

唐张怀瓘《书断》卷上因"八"字有"相背"之义，便把八分解作字有"八字分散"之势，这是毫无根据的。难道因"五"字有交午之义，便可解《五经》为"交叉线"吗？我们不是不允许用"八字分散"或"八字相背"等词来比喻或形容汉碑字体，但与汉末人"八分、二分"的命义是不相符的。《书断》还引王愔解释八分的话，以为是"字方八分"的尺度概念，更无根据。即如上尊号、受禅二碑的字，每字长宽各边，都远远超过今尺八十厘，何况汉尺还小于今尺呢！

汉碑字体的特点，在于规矩整齐，所以称为楷法。楷是"标准""整齐"，可为"楷模"的意思，这也是它得以升为雅体的一种资格。后来楷这一形容词当作书体的专名，则是晋代以后的事。所以在汉魏之际八分与旧隶体的分别，只是称呼不同而已。

这中间又有一个王次仲的问题。《书断》卷上引蔡邕《劝学篇》："上谷王次仲，初变古形。"按各书引《劝学篇》之文，俱是四言为句，见清代辑佚各书。《书断》引此二句，实衍"王"字。汉代人称隶书为"今文"，所谓"变古形"，自是改变隶书以前的字形，而成为汉代"今文"的字形。晋卫恒《四体书势》说："隶书者，篆之捷也。上谷王次仲始作楷法。"可知王次仲是传说中首先把秦隶书加工整齐的人。汉魏之际旧隶体既被称为八分，再推源这种加工的创始人是王次仲，于是王次仲这个古代人名便与八分这个旧字体的新诨号合起来了。至于王次仲是怎样一个人呢？《水经·谷水注》说：

> 魏上谷郡治……郡人王次仲，少有异志，年及弱冠，变《苍颉》旧文为今隶书。秦始皇时，官务烦多，以次仲所易文简，便于事要，奇而召之，三征而辄不至。次仲履真怀道，穷数术之美，始皇怒其不恭，令槛车送之。次仲首发于道，化为大鸟，出在车外，翻飞而去。落二翮于斯山，故其峰峦有大翮小翮之名矣。《魏土地记》曰：沮阳城东北六十里，有大翮小翮山，山上神名翮神，山屋东有温汤水口，其山在县西北二十里，峰举四十里

上，庙则次仲庙也。

《书断》卷上引《序仙记》，与此前一段略同，后边也引了《魏土地记》的话，可见郦道元、张怀瓘二书史源有关。《水经注》或亦是引自《序仙记》的，但不知谁有增删。

这分明是一个美化了的神话传说，实际上是一个悲剧，它和《列仙传》所记汉淮南王刘安"鸡犬飞升"的故事正是一类。这位王次仲是违反了秦始皇的命令而被杀的。他的时代也有许多异说：刘宋羊欣《采古来能书人名》说他是后汉人；唐张怀瓘是主张秦时人的说法的，但也引了异说，《书断》卷上引王愔的话说他是汉章帝建初中人；唐唐玄度《十体书》说他是汉章帝时人；《书断》卷上引南齐萧子良的话说他是汉灵帝时人。接东汉时隶书流行已久，不可能算是"初变古形"，这是因为东汉章帝以来，立石刻碑的风气才逐渐旺盛起来。检看碑目可见，古人把碑字出现众多的时间看成是创始碑上字体的时间罢了。

后世隶、八分的内容也随时代有所发展：刘宋羊欣在《采古来能书人名》中杂述晋王洽、王珉"能隶行"，王羲之"善草隶"、王献之"善隶藁"等等。现在看到这些名家的字迹，多是今草、真和行书，只有一少部分是章草，并没有汉隶的字。可知这时所谓的隶，即是真书。宋赵明诚《金石录》卷二十一，"东魏大觉寺碑阴"条说：碑题"银青光禄大夫臣韩毅隶书，盖今楷字也"。其所称"今"，乃指北宋，是北朝曾称真书为隶。又隋大业元年舍利函铭（图85），字是真书，铭文书人款识云："赵超越隶书谨上。"是隋代曾称其书为隶。又《唐六典》卷十："五曰隶书，典籍表奏及公私文疏所用。"又《晋书·王羲之传》说他"善隶书，为古今之冠"。是唐人称真书为隶。可见隶书这一名称，后世也不限指熹平石经、上尊号碑的字。又唐韦续《纂五十六种书》曾称钟繇的"章程书"为"八分书"。《书断》卷中，"妙品"类"八分"一门列张昶至王羲之九人，"能品"类"八分"一门列毛弘至王献之三人。我们知道王僧虔说钟繇的"三体书"是"铭石""章程""行押"。铭石既是上尊号碑字体，章程自是表启字体。羲、献也都只以真、草和行书著名，没见有上尊号碑样的八分体。可知唐人也曾扩大八分的范围，用以指称真书了。

总的说来，字体自汉魏之际新俗作出现之后，便发生名称重复的情形，看时也就不免混淆。例如梁庾肩吾《书品》说："程邈所作隶书，今时正书是也。"梁时正书，既是真书，也就是新隶体，它与秦隶名同实异。后世对于字体发生名实混淆的情形更多，大半由于实物材料不足和重名或异名的出现。而隶和八分的混淆，重要的有三个原因：一是"隶"这一词，秦俗书为隶，汉正体为隶，魏晋以后真书为隶，名同实异。唐韦续《纂五十六种书》称程邈隶书为"古隶"，唐虞世南《述书旨》称晋人真楷为"今体"，似都是为与汉隶区别的。又如宋《宣和书谱》指王次仲的楷法为"今之正书"，又对于隶和八分的名与实，也有许多误解和纠缠，见卷二"隶书"、卷三"正书"、卷二十"八分书"的叙论。宋以后此类情形更多，不详举。二是"楷"这一词，对于写得风格规矩整齐的字都称之为楷，是泛用的形容词；用"楷书"这一词来称真书，则是专名，名同实异。三是笔画的"波势"，秦俗书无波；汉木简较工整的有波，较潦草的无波；汉碑某些有波，如华山碑等；某些无波，如鄐君开通褒斜道记（图49）。新隶体，即真书，捺笔有波而横画无波。有人专从波势或细微的风格上来寻这两个名称的关系，也常陷于矛盾。所以研究古代字体自古文到八分的名称时，对于南北朝以至元明的文献资料，实须极其慎重的。

有一条常被引用而尚有问题的资料，《水经·谷水注》：

> ……言古隶之书，起于秦代。……或云即程邈于云阳增损者。是言隶者，篆之捷也。孙畅之尝见青州刺史傅弘仁说：临淄人发古冢，得桐棺，前和外隐为隶字，言齐太公六世孙胡公之棺也。惟三字是古，余同今书。证知隶自古出，非始于秦。

首先，其字样是辗转传述的，不是郦道元亲见的。其次棺上字《永乐大典》本作"隐为隶字"。他本"隐"下有多"起"字

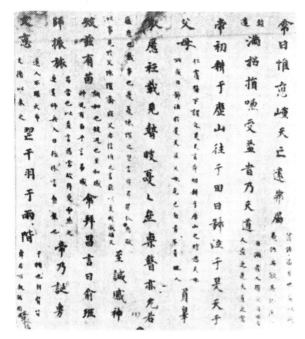

91.唐人写隶古定《尚书·大禹谟》

49.鄐君开通褒斜道记

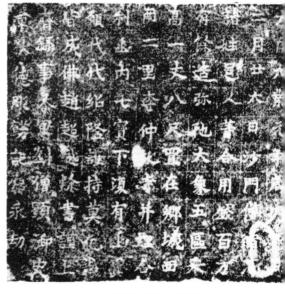

85.隋赵超越书舍利函铭

的，意义全别。如是"隐为"，乃并不分明。三是其"同"是构造还是风格？例如唐人写隶古定《尚书》(图91)，构造是古文，笔画是真书。从笔画姿态角度讲，可以说古同于真，从组织构造角度讲，也可说古异于真。所以，这条资料还有待于进一步地研究和地下这类材料的再发现。

十

草书、章草

"草"，本是草创、草率、草稿之义，含有初步、非正式、不成熟的意思。在字体方面，又有广狭二义。广义的，不论时代，凡写得潦草的字都可以算。但狭义的或说当作一种专门的字体名称，则是汉代才有的。《说文·叙》说"汉兴有草书"，但直到"新莽六书"，仍不列草书这一体。可见所谓"汉兴有草书"只是说明它已产生，但还未列为正式的、合法的字体。我们看到出土的两汉的包括王莽时期的木简，草书的不少，但都是些军书、账簿等等。那些书籍类的和郑重其事问候的简牍，仍使用汉碑字样的隶书。可见汉代草书一直是当作起草的、非正式的字体，是私用的字体，军书虽也是公文，但军事迫于机宜，可以不拘。

汉代草书简牍中的字样，多半是汉隶的架势，可简易地、快速地写去。所以无论一字中间如何简单，而收笔常带出燕尾的波脚，且两字之间绝不相连。直到汉魏之际以至晋代，才有

笔画姿态和真书相似，字与字之间有顾盼甚至有连缀的草字
（图 70）。这容易理解，即前者是旧隶体也是汉隶的快写体，
而后者是新隶体也即真书的快写体而已。后人为了加以名义上
的区别，对前者称为"章草"，而对后者称为"今草"。

"章草"这一名称，在文献中最早出现的，要属王献之的
话。张怀瓘《书断》卷上说："献之尝白父云：古之章草，未
能宏逸，颇异真体，今穷伪略之理，极草踪之致，不若藁行
之间，于往法固殊，大人宜改体。"张怀瓘《书义》亦引这
话，但略简。《书断》引崔瑗《草书势》亦有"章草"一名，
但《晋书》所载《草书势》"章草"二字实作"草书"，《书
断》所引且有节文，知二字殆张怀瓘所改，故不据。并可见
前第二节谈《书断》把《吕氏春秋》"苍颉造书"引为"苍颉
造大篆"，也是张氏所改的。又所谓卫夫人《笔阵图》及王羲
之《题笔阵图后》俱有"章草"一名，但二篇俱出伪托，亦不
据。王献之这段话，还没见其他反证，所以暂信张怀瓘之说。
再次像刘宋羊欣《采古来能书人名》中有章草这一名称。《书
断》卷上引南齐萧子良的话说："章草者，汉齐相杜操始变藁
法。"梁虞和《论书表》中亦见章草名称。以后便是唐人称述
的，更多，不必详举了。

章草的"章"字又怎么讲？前代人有种种推论。近代又有
许多人著论探讨。总的说来，不出五种说法：

（1）汉章帝创始说。宋陈思《书苑菁华》引唐蔡希综

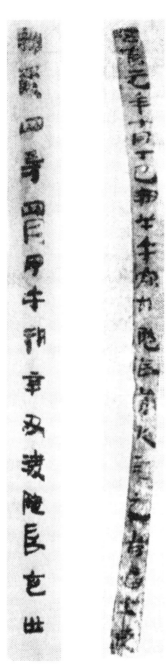

69.皇象本《急就篇》

38.神爵四年简　39.五凤元年十月简　　70.晋王羲之书《十七帖》

《法书论》说："章草兴于汉章帝。"

（2）汉章帝爱好说。《书断》卷上引唐韦续《纂五十六种书》说："因章帝所好名焉。"

（3）用于章奏说。《书断》卷上记后汉北海王受明帝命草书尺牍十首，章帝命杜度草书上事，魏文帝命刘广通草书上事，等等。

（4）由于史游《急就章》说。见《四库提要·经部小学类·急就章》条。

（5）与"章楷"的章同义，也即是"章程书"的章。近人多主此说。

按章草之名创始于汉章帝和汉章帝爱好的说法，都是以皇帝的谥法为字体名。在古代以帝王之谥为字体名称的，汉前汉后俱无成例，其为傅会，可不待言。至于《急就章》在汉代并不名"章"。如《三苍》亦俱分章，也不名为"苍颉章"，且史游是编订《急就章》文辞的人，不是用草字写《急就章》的人。今日所见汉代写本《急就章》觚都是隶书的。章草写本（图69）传说最早出于吴时皇象。《书断》卷上引王愔云："汉元帝时史游作《急就章》，解散隶体粗书之，汉俗简堕，渐以行之。"这是误认史游是草书的创始人。按草书西汉前期已有，见神爵简（图38）、五凤元年十月简（图39）等，并非史游才开始粗书的。只剩章奏、章程二义，值得注意。

考章字的古义，有乐章之义，即所谓"从音、从十"；

有爱书之义。《观堂集林》卷六《释辞》下，说"章"字从"辛"，与"辜""孽"等字同含"罪"义，是认为章是罪状、爱书之义。又有章奏、章程之义。还有图案之义，凡章黼、文章等都属此义。引申为章明之义，章明亦作彰明。现在试拟找出这些方面的共同意义，实有"条理""法则""明显"的意思。即用作谥法的章字，也是有取于这个意义。所以相反的意义，杂乱便是无章。再拿今草和章草相比较，章草是较为严格的，今草是较为随便的。那么汉代旧草体之得章名，应是由于它的条理和法则的性质比较强烈。也可以说正由于它具备了这种性质，才有合乎章程、用于章奏的资格。

无论旧体或新体的草书，到了汉末，已成为满城争唱的时调，只看汉末赵壹的《非章书》一文所讥讽的，便可以见到当时人对于草书的普遍爱好。再看《四体书势》和《后汉书·张奂传》引张芝所说"匆匆不暇草书"，也都说明这时草书不但已成为公开的、合法的字体，并且还成为珍贵的艺术品，但"亲而不尊"，仍不见登于碑版。

十一

余 论

从以上的资料和研究中，看到下列一些问题：

（甲）每一个时代，当然不仅只一个朝代，都不止有一种字体。凡用途、工具、方法、地区、写者、刻者不同，则构造或风格即各有所不同。尤其是手写的和刊刻、范铸的，在艺术效果上的差别更为显著。

（乙）每一个时代中，字体至少有三大部分，即当时通行的正体字，以前各时代的各种古体字，新兴的新体字或说俗体字。以人为喻，即是有祖孙三辈，而每一辈中又有兄弟姐妹。例如秦时有祖辈的大篆，有子辈的小篆，有孙辈的隶书。而其他五体，各有所近，又是各辈的兄弟姐妹。

前一时代的正体，到后一时代常成为古体；前一时代的新体，到后一时代常成为正体或说通行体。

（丙）从字体的用途上可见一种字体在当时的地位，例如草稿、书信，与金石铭文不同。凡一种字体在郑重的用途中，如鼎铭、碑版之类上出现，即是说明这种字体在这时已被认为合法，可以"登大雅之堂"，也就是小孩已长大，不但"胜衣"，而且"加冠"，是成年人，可以与长辈"同席"了。所以秦颂功刻石不用隶字，汉至隋碑刻不用草字，汉代章奏用草书须有特许。至于钟繇表启、谷朗碑等用新隶体，即初期的真书，标志着这时它们已然成年合法。

从晋到唐，真书经过长期试用，证明它在当时最为方便。构造上可以加减。用它翻写《古文尚书》（图91）固然可以，而把它们删截某些肢体，它们仍然活着。例如古文的"兟"，可以用真书笔画姿态改写为"尭"。"馬""魚"的四个点，可以变为一横。"覆""復"去掉偏旁，只剩"复"字，也可以代表那两个字。诸如此类，不待详举。它还可以接受不同的艺术风格，如方圆肥瘦、欧褚颜柳等。笔画稍微活动或连写，可以成为行书，再活动可以成为草书。到了宋代以后，把它再加方整化，又成了木版刻书的印刷体。由于它具有这些优长，所以长期地被使用，成为一千多年来汉字字体的大宗。

其他各种字体，如今草、行书，到了唐代也都已成年。所以行书入碑的有晋祠铭（图87）、温泉铭，草书入碑的有升仙太子碑（图90），但新兴的狂草仍然没有入碑的。

在两周时，古代的字体积累还不算太多，所以需用装饰字时，常常另造花体字，特别在乐器和兵器上更多。唐代以来，自真书以上各种字体，积累已富，变化也多，古体字已足够作

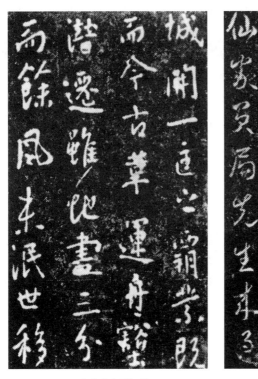

87.唐太宗书晋祠铭

90.武则天书升仙太子碑

装饰门面用，所以特造的新花体便不多了。像宋僧梦英的十八体篆书有许多种花样，唐武则天飞白书升仙太子碑额有许多鸟形，宋仁宗飞白书"天下升平四民清"七字有许多蛇头，但终究少有沿用的。

（丁）古代写者的创作思想中，所崇尚的标准，也各有不同。较重要而且明显的，有下面几种：

（1）以圆转为郑重的。例如篆书，在秦代以圆转为庄严郑重。

（2）以方整为郑重的。例如王莽时的小篆，比秦隶又方整得多。汉隶比之篆书，本以方折顿挫为特点，但到东汉后期以来，有些碑刻愈发方整"如折刀头"了。其中也可能含有一定的工具因素，但不能说全出于无意识的。我想大概是因为这时手写的隶书常趋于圆熟便易，于是郑重用途的碑版字体，便更加装点方整，以表尊严。这是手写的便易隶书或说新隶体出现后一种反响。

（3）以古体为郑重的。例如在碑铭、墓志中，碑额和志盖常用古体，所以号称"篆额"或"篆盖"。碑文和志文用当代的通行正体，碑阴的字有时可以比碑阳的字潦草随便些。只有碑额、志盖也由碑阳的正体"自兼"的，如吴谷朗碑额（图68）、梁始兴王碑额（图77）、魏张猛龙碑额等，但绝少倒过来碑额或志盖用子辈或孙辈的字体，而碑阳或碑阴用祖辈以上字体的。像唐阙特勤碑正文是唐明皇御书汉隶字体，而碑额却

68.吴谷朗碑额　　　　　　　　77.梁贝义渊书始兴王碑额

是真书，这在古石刻中，是比较稀有的。再看汉永寿瓦罐，中间"永寿二年"一行大字，波磔郑重，纯是汉隶旧体，而旁边小字，则接近真书，即当时的新隶体了。那一行大字也正是近于碑额、志盖的作用。又如唐《开成石经》的经名大题用汉隶，篇题和经文用真书。还有后世木刻书籍，本文虽是宋体字，而书的外签常是另一种字；封面，近代或称扉页，常用篆、隶、草、真、行等早于宋体的字；序文又常用手写体，也是这种道理。

自真书通行以后，篆隶都已成为古体，在尊崇古体的思想支配下，在一些郑重用途上，出现了几种变态的字体：

第一种是构造和笔画姿态都想学隶书，但书写技巧不纯，笔画无论方圆粗细，写的总不像汉碑那样地道，有的隶意多些，有的隶意少些。多些的可以说隶而近真，少些的可以说真而近隶。总之都是一种隶真的化合体。例如苻秦广武将军碑、魏元惊墓志、北齐韩宝晖墓志（图81）、乾明修孔庙碑、文殊般若经碑额及碑文（图83）、隋暴永墓志（图86）、陈叔毅修孔庙碑、唐褚亮碑等等。按这种风格，导源实自汉末的新隶体，试着永寿瓦罐的小字，嘉平瓦罐和谷朗碑等，可见隶初变真时，是这种情况。自此分成两途：一是愈发严格的真书，即二王、智永，以至欧、虞的真书；一是仍沿汉末新隶体的路子。广武、元惊以来诸石，即是属于后者。

第二种是掺杂各种字体的一种混合体。这自汉夏承碑在隶

81.北齐韩宝晖墓志

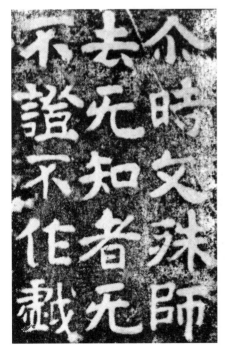

83.文殊般若经碑

86.暴永墓志

80.西魏杜照贤造像记

82.唐邕写经记

84.北周赵文渊书华岳庙碑

88.欧阳询书房彦谦碑

书中掺杂篆体，已开其端。后世像魏李仲璇修孔庙碑、唐邕写经记（图82）、北周华岳庙碑（图84）、隋曹植庙碑等等，不但其中大部分字是那种技巧不纯的汉隶或真与隶的化合体，并且一些整字或偏旁随便掺杂篆隶形体。最特别的是西魏杜照贤造像记（图80），在篆、隶、真之外，还有又似草又似行的字，真可谓集掺杂之大成了。

第三种是用方条笔画写方块字，横画末尾还要表现隶书的波脚，例如晋爨宝子碑（图71）、刘宋爨龙颜碑（图72）、梁太祖神道阙、魏嵩高灵庙碑（图74）、吊比干碑（图75）、魏灵藏造像记、隋杜乾绪造像记、唐房彦谦碑（图88）等等，无论字迹尺寸大小，大至北魏云峰山的一些石刻，小至鞠彦云墓志（图76），都是有意做出庄严的架势。有时具有一少部分带有隶书组织构造或笔画姿态，但主要的部分，都是真书。

以上这些变态字体，曾引起后世不少的混乱。有人称之为正书，有人称之为八分。叶昌炽《语石》卷八驳孙星衍《寰宇访碑录》说："孙氏所录魏碑八分书者，如吊比干文，亦正书也。"还有人把这些字体现象说成是由篆到隶或由隶到真的过渡，其实这些碑志的书写时代，篆、隶、真早已过渡完成。至多可以说是沿用了过渡体，或说是向前追摹，而不是这时才开始过渡。尤其那种掺杂字体，更不过是掉书袋习气而已。还有翁方纲、包世臣诸家曾特别赞叹乾明修孔庙碑和文殊般若经碑，以为是真书的最高艺术标准，实即受到这种又真又隶形状

71.爨宝子碑

72.刘宋爨龙颜碑

74.嵩高灵庙碑

75.吊比干碑

89.欧阳询书九成宫醴泉铭

76.鞠彦云墓志　　　　79.高盛碑

的迷惑。当然隋唐以前人或由于工具关系，或由于习惯关系，自然地存留某些真书以前的笔画姿态，也是有的，例如常见的古写佛经中的笔法风格。但在刻入碑版时，则多少具有有意识求古的倾向，不尽由于自然的习惯。即见古写经而论，在书写时，也有庄严的要求，和当时世俗通行的文件写法也会有些区别的。还有人因为看到二爨碑的架势，以为晋宋时代的字只应该是那样，因而认为王羲之《兰亭序》帖是梁陈以后的人伪造的，见汪中藏定武《兰亭序》帖后李文田跋。以上各项由于错觉而生的议论，都是从这三类变态字体引起的。

架势既要庄严，笔画又要表现有弹性，二者常常不可兼得。在南北朝以至隋代，都不断有人试作探求。例如魏高盛碑（图79）等，完全是真书，但每字的架子都写得极方，填足了方格的四角，仿佛庄严，但并不自然。直到唐初欧阳询九成宫碑（图89）等，才真正得到统一。也可以说真书的体势姿态，到了唐初，才算具足完成。这虽属于艺术风格的问题，但从隶到真字体变化的曲折，至此始告结束。虽然欧阳询的儿子欧阳通在所写的道因碑中还偶然写出横画末尾的波脚，也仅只是进化后残留的尾巴尖而已。

后　记

1. 古代汉字形体方面，历来存在一些问题，尤其是文献记载的字体名称和实物中的字体形状，往往分歧错互，因而引起许多争论，本文试图加以探讨论述。那些不成问题或没有分歧争论的部分，便不涉及。至于自古至今各种字体的演变经过和各时代流派的变化，则是字体史和书法史的范围；又如每个字的偏旁组织、象形谐声种种问题，则是文字形义的研究范围，本文都不论及。

2. 关于古代字体的这些问题，历代学者著述中多有论到的，也各有不同的见解。乾嘉以来的学者对于古文字的考证日益精密，近代地下发现的古文字资料也日益增多，本文为了避免烦琐，节省篇幅，对于历代论点和流传的资料，引证时尽力择要。所以乾嘉学者段玉裁先生的《说文解字注》和近代学者王国维先生的《观堂集林》中的有关文章引辨较多，其余相类或相同的论点，不复详引，并非有所轻重。

3.本文插图只为表示字体的形状和风格，文辞既不免有所割截，字迹绝大部分都经摄影缩小，也有略展大的。缩、展的比例，各件也不尽一致。其次序是按时代编排，每一朝代的字迹，只在第一件标出朝代称号，同代的其余各件，不复逐一标出。同类的两件，注出（甲）、（乙）；同件的两个部分，注出（一）、（二）。

4.本文初稿曾发表于《文物》月刊一九六二年六月号，题为《关于古代字体的一些问题》，现在重加补充修改，印成这本小册子，缺点和错误一定仍然不少，敬求读者再予教正！

5.本文在初稿起草之前、成稿之后以及第一次发表之后，承蒙尊敬的各位师长、前辈、朋友给予教导和鼓励，出版社、图书馆、博物馆给予支持，统此敬谢！

6.这篇拙论在初稿未写之前，曾和几位朋友谈起，当时感兴趣并极力督促我脱稿的，强珩先生是最先的一位。这次改稿完成之后又请他重看，不久他因病住进医院后，仍继续阅看，在他去世的前一周看完此稿，还写出意见。现在据改付印，记此，谨志纪念！

一九六三年九月

本文论证举例所用的资料，尽量采用普通常见的。近年出土的金石竹帛文字非常丰富，但那些原用资料也还可用，所以为说明问题，除原举秦大驲权有人提出疑问改用一枚瓦当外，举例插图基本不变。新出土的秦律简可补证第八节中论点，因附加一图，中山刻石可补第二节、第五节中提到的缺憾，也附加一图。文中除校订几处外，也基本没有改动。

一九七八年八月重版时记

附

《急就篇》传本考

一 绪 论

古小学书，如《苍颉》《爰历》《博学》《凡将》诸篇，皆已散失，唯史游《急就》至今尚存。《汉志》曰："《急就》一篇。"又曰："史游作《急就篇》。"《四库提要》据夏侯湛《抵疑》及《北齐书》之语，谓或有篇字，或无篇字，初无一定。又据《隋志》及《魏书》所称《急就章》，谓改篇为章在魏以后，其说是也。《魏书》三十五《崔浩传》："浩既工书，人多托写《急就章》，从少至老，初不惮劳。"又云："世宝其迹，多裁割缀连，以为模楷。"可知指全篇者称篇，指裁割者称章。后世不知其别，误以章代称篇耳。所谓改篇为章，谓其名称，非谓裁篇成章也。拙撰此文，于篇字章字，亦随分称之，而不拘泥焉。其书《汉志》谓皆苍颉正字，晁公武谓杂记姓名诸物五官等字以教童蒙者。后世所见，多为章草写本，于是原本字体，为隶为草，遂滋聚讼。

王愔曰："汉元帝时，史游作《急就章》，解散隶体而粗书之，汉俗简堕，渐以行之。此乃存字之梗概，损隶之规矩，纵任奔逸，赴俗急就。因草创之义，谓之草书。"见张怀瓘《书断》卷上。一似史游为作草书始撰此文，怀瓘复执其说，谓史游即章草之祖。唯苍颉正字，当非简堕之体，而纵任奔逸，岂可以教童蒙。且篇中明言"用日约少诚快意"，可见急就之义，犹今言速成。颜注学童急当就此奇好之觚，及晁氏所谓字之难知者缓急可就而求诸说，尚失命篇之旨，况指为书写之迅疾乎？此情理之未安者。至其言汉人草书之情状，则确切不疑也。

《玉海·急就篇》罗愿跋谓："游当孝元时，去李斯等已远，独能取《苍颉篇》中正字，类而韵之，使操觚小童，不随俗迷误。自东汉杜度、张芝善稿法，始用以写此章，号为章草，说者因谓草书起于游，盖不察作书之意。"后署淳熙十年。其说虽较密，顾南宋去汉已远，杜、张始用草体以写《急就》，未之前闻。张芝残字，无论真赝，黄伯思《东观余论》尚一称之；杜度所写，诸家著录从无及之者。盖王愔尝言："杜度善草书，见称于章帝，诏使草书章奏，张芝喜而学焉。"亦见《书断》。乃论章草名称之源，非谓杜、张始写此篇也。所疑固近理，所断则终嫌无据。

近世西陲出土汉人木简，其中《急就》诸简，皆是隶书。然此数简，固难概当时众本，不得谓汉人写《急就》绝无草书者，但足证汉有隶书之本而已。余妄度之，汉人所传，或有二种，隶书本所以便童蒙之诵习，草书本则兼资以识草体。抑或有人欲集草字于一编，借《急就》之文，以为贯索，唯亦不出两汉之世。不然后世移写，何以必作汉时解散隶体之章草，而罕作上下牵连之今草乎？

近世西域出土晋时文书残纸，中有《急就》一纸，正面竖直行栏，栏内书《急就》首章，隶书草书各四行，见日本出版之《西域出土之木简及残纸》一书。可见二体并列之本，晋时已有。

唐时日本僧空海尝以今草写《急就》，墨迹尚存。观其写孙过庭《书谱》，草法字样，与孙氏原本迥不相侔，乃知《急就》之作今草，亦非有所受，盖但凭己意录文。《急就》之今草写本，世传只此一卷而已。至于真书写本，近有吐鲁番出土高昌人写本残纸数片有注，盖北朝人旧注本，今藏新疆博物馆，尚未发表。今日所见，全文唯颜师古注本。颜注自称旧得皇象、钟繇、卫夫人、王羲之等所书篇本，备加详核，足以审定。是颜注正文，直四家草书本之综合释文耳。夫皇、钟、卫、王，书家也，其写此篇，未必用以诵习，殆亦以其为草字之渊薮而书之，如后世习书，以今草写《千字文》《礼部韵》之意也。然则史游之书，不随《爰历》《凡将》俱亡者，正赖书家习草，为之传写。王愔、张怀瓘之误以撰文及创作草书并为一谈者，殆由只见草书之本耳。

今世所传，以章草写本为最多，故校订所资，自以章草本为用最巨。其本来源既古，居今视之，其用有二，一以考证汉人小学之书，一以研究书体沿革。盖书契以来，古今数变，隶草之间，其变尤巨。赵壹所诋，"删繁省难，损复为单"者，正草书之特点。简堕俗中，视为至便，无待劝勉，而风行无碍者也。况夫后世今草，又复渊源于此。借使汉人隶书之本，一旦尽出，考订《急就》文辞者，不复借重章草之本，而研究字体者，犹将有所取镜也。

至于章草得名之由，亦有数说。章帝所作之说，固最无稽，起于写《急就章》及通于章奏二说，古今学者多所辩驳。究以何说为长，则更仆不能终，又非蒙撰此篇之旨，容别论列。总之，汉人于粗书之字，但称稿书、草书，其加章字，必在今草既行之后，为其足以取别于今草，故至今犹沿用之。拙撰《古代字体论稿》中曾详论之，可互证。

余尝搜求众本，兼考旧说，见昔贤所校，往往但据一二古本，遽加论定。王静安先生《校松江本急就篇》刊入《观堂集林》者，据旧本十二种，勘对最详。唯写以真书，于草字使转，不能见其异同，而前贤释文歧互处，亦未尽收取而付折中，盖体例不同也。窃不自揣，尝搜隶章真草若干本，为合校本一卷，因于诸本存佚真伪，略有考索，撰为此篇，以就正方闻。海内藏家，倘有古搨善本，惠示以为校订之资，则不啻百朋之锡矣。

二 已佚古本

《急就篇》历代传写，非但字有异同，章数且屡见增益。今存最古之本，如汉人隶书残简，及宋人所传皇象章草本，皆三十一章。颜师古注本三十二章，于第七章后多出一章。观其自序所言，盖尝遍考众本，并不专依一家。空海今草写本其尾止于三十三章，冯汉彊作晋彊。观堂校记以崔浩作代彊之例推之，谓其源出晋人是也。唯称其临晋人本，则未有确据。《玉海》所刊宋太宗本及所引黄山谷本，则三十四章，其末二章王应麟补注以为后汉时人所续。观堂校记依其"饮马漳邺及清河""辽东滨西上平冈"及"汉土兴隆中国康"诸语考之，谓在魏武平冀州、破乌桓之后，而魏代汉以前。又以宋太宗本既出于钟繇本，则二章当即繇所续。其说至确。今传诸本，大抵不出此四类，而其中章草所写者，仅存叶石林刻皇象本一种。至元明以来书家传摹之章草本亦莫非三十一章，殆皆同出一源者。

若夫史游原本，是否即三十一章，殊费讨论。盖《急就》之文，例多偶句，两章交替处，亦必隔章呼应，颜注所谓"前之卒章与后句相蹑"者也。唯三十一章之本，其第六章末"耿潘扈"三字，畸零无偶，最为可疑。颜注本及宋太宗本多"焦灭胡"一章，末有"续增纪""遗失余"之语，则又明言为增补者。观堂以为颜本此章，取诸钟本，续增亦出后汉人手，其说近之。又谓："汉残简铜钟一章上署第十二，知史游原本固无此章。"复申之曰："西汉时本无此章。"是仞今出汉简即史游原本，已颇可商。至云："耿潘扈三字虽系单句，然扈字独与上奴、奢、都、胡等字为韵，是三十一章，并无缺佚。"其说殊牵强，不敢苟同矣。

句法有呼无应，《急就》全篇绝无其例。谓原本如此，尤觉未惬。自元帝至献帝，二百六十余年，中经丧乱，旧籍未必毫无残佚。况补者明言"遗失余"，借补章出后汉人手，是当时已知其遗失，故为补之。安有千载之下，翻能断其无缺乎！观堂所以误加判断者，盖由过尊所见汉简，以为即西汉时史游原本。夫同属汉简，写时亦有先后之分。所见数简，讵知其非原本已残之后，补本未出之前所书者乎？以其少一章，正可见写时之晚也。是以谓"焦灭胡"章诸字非原本则可，因其字为续补，而谓原本此处并无残缺，则不可也。今观皇象本之缺一章，足征章草本最初之源，当在后汉人未补以前，则亦仅亚于今出之汉简而已。

章草本，自汉至宋，诸家所写，皇象本外，皆不复存。其见于记载者，约有十家，今撮记之，以见古本亡失之众，而幸存者之可珍。且冀其有为故家秘藏者，万一一见焉。

一、崔瑗。张丑《清河书画舫》引《悦生别录》："法书中有崔瑗临史游《急就章》，前称似道留心书画，家藏名迹，多至千卷。其宣和、绍兴秘府故物，往往乞请得之。今除烜赫名迹，载悦生古迹记者不录，第录其稍隐者著于篇。"见辰集"释贯休"条。可见别录所载原多隐僻之物，此外未见著录者。

二、张芝。黄伯思《跋章草急就补亡后》云："今所传惟张芝、索靖二家为真，皆章草书，而伯英本只有凤爵鸿鹄等数行。"（见《东观余论》卷十）然则其本在宋仅存中间数行，定为伯英真迹，不知何据。

三、钟繇。颜注序称"旧得皇象、钟繇、卫夫人、王羲之等所书篇本，备加详核"，知其本至唐尚在。《玉海》宋太宗本，首引《实录》云："先是下诏求先贤墨迹，有以钟繇书《急就章》为献，字多蹐驳。"夫字既蹐驳，则与详核有异，盖已非颜氏所见之本矣。

四、索靖。索靖写本宋人屡称之，《宣和书谱》卷十四载其目，曰"晋索靖《急就章》"。《东观余论》卷十，《跋章草急就补亡后》云："靖所书乃有三之二，其阙者，自毋缚而下，才七百五十字，此本是已，盖唐人摹而弗填者。神韵笔势，古风宛然。"按摹而弗填者，言其出于摹写，非双钩廓填者，故笔势得神也。又同卷《跋索靖章草后》云："索将军章草，下笔妙古今，《七月二十六日帖》《月仪》《急就篇》，此著名书也。"叶梦得《跋索靖章草急就篇》云："右索靖章草《急就篇》一千四百五十字，阙七百五十九字，余闻世有此唐人硬黄临本旧矣。绍兴甲子，偶得故秘书郎黄长睿双钩所摹于福唐，不可无传于世。闽无美石，乃使以板刻之，置之燕堂，以示好事者。"附载于《东观余论》卷十。叶氏既刻皇象本，复刻索靖本，而不言其文有异同，则索本殆亦三十一章之本也。其木刻拓本，世久无传。嘉庆初，孙星衍忽得一石刻拓本，有绍圣三年摹勒之款，据之以撰考异，号为索本。余考其帖既非宋刻，而所刻者亦非索本，另章论之，而索本终不复传。

五、卫夫人。见颜注序中，其后不见著录。

六、王羲之。陶弘景《与梁武帝论书启》云："臣昔于马澄处，见《逸少正书目》一卷，澄云右军《劝进》《洛神赋》诸书十余首，皆作今体，惟《急就章》二卷，古法紧细，近脱。忆此语当是零落已不复存。"（见张彦远《法书要录》卷二）隐居未得目睹真迹，故疑其不存，颜注称之，知至唐尚在。

七、萧子云。张丑《清河书画舫》子集"曹弗兴"条，载周密《云烟过眼录·兰坡赵都丞与勤所藏书画目》，张氏以刻本例阙，故详录之。其中有萧子云《急就章》，此外不见著录。姑不论其果否子云真迹，以其为宋人传宝之本，苟存于今，亦有足贵矣。

八、崔浩。史称崔浩"既工书，人多托写《急就章》，从少至老，初不惮劳。所书盖以百数，必称冯代彊，以示不敢犯国，其谨也如此。浩书体势，及其先人，而妙巧不如也。世宝其迹，多裁割缀连，以为模楷"（见《魏书》卷二十五本传）。夫百数之本，不为不多，唐宋之世，已无人见之者，盖当时即

多遭割缀矣。至其所书为真为草，史文不明。考浩父玄伯传
云："善草隶行押之书，为世模楷。"又云："玄伯祖悦，与范
阳卢谌，并以博艺著名。谌法钟繇，悦法卫瓘，而俱习索靖之
草，皆尽其妙。谌传子偃，偃传子邈，悦传子潜，潜传玄伯，
世不替业。"（见《魏书》卷二十四）夫钟卫之体，仅谌与玄伯
各自取法，而索靖之草，则两家子孙所共传，故著其世次，以
明不替。"浩书体势及其先人"，盖谓索靖草法也。

九、陆柬之。《宣和书谱》卷八："唐陆柬之草书《急
就章》。"

十、宋太宗。《玉海》刊王应麟补注本前录宋太宗御书
本，首引《太宗实录》云："端拱二年七月丙戌，以御书《急
就章》藏于秘阁。帝留心字学，先是下诏求先贤墨迹，有以
钟繇书《急就章》为献，字多踳驳，上亲草书一本，仍刻石分
赐近臣。宋惟干献《御书急就章赋》，以一轴赐之。"篇末罗
愿跋云："至道中，太宗皇帝尝亲书此篇。天水赵公汝谊，欲
是正传广之，乃录至道御书三十四章，登于卷首云。"罗氏所
跋，乃赵汝谊传刻之颜注本，王氏据之而为补注，则以真书录
太宗草者，盖在淳熙以前，补注仍登诸卷首，复自取他本以
校之。唯秘阁入藏，已在端拱。罗跋谓亲书在至道中，如非罗
氏误记，则太宗必曾一再书之。石刻拓本，当日但赐近臣，流
传已鲜，今并墨迹，遂皆不存。于是三十四章之草书本，竟
无一传焉。宋释文莹《玉壶野史》卷一："钱昱，忠献王长子

也。读书强记，尤善翰牍。太宗深爱之，以御书金花扇及行草写《急就章》赐之。"则太宗又有行草写本也。标明行草，殆以别于章草耳。

罗跋尚有李焘所藏颜解本，黄庭坚手校本三十四章，当皆是真书所写。至其所称刘清之家本，及王应麟据校之朱文公刊于浙东本，今皆无传，亦不知其字为真为草也。

三　皇象本

皇象本首见于颜注序中，《宣和书谱》卷十三"皇象"条云："今御府所藏章草书一：《急就章》。"米芾云："唐摹皇象《急就章》，有隶法，在故相张齐贤孙直清处。"（见《书史》卷下）又曰："皇象《急就》，唐摹奇绝，在故相张公齐贤孙名直清字汝钦处。"（见《宝章待访录》）叶梦得曾以摹本勒石，明正统四年，吉水杨政得叶刻拓本覆刊之于松江，石在松江府学，世称松江本。叶跋云："右章草《急就》二千二十三字，相传为皇象书，摹张邓公家本。此书规模简古，气象沉远，犹有蔡邕、钟繇用笔意，虽不可定为象书，决非近世所能伪为者。此书有颜师古注本尚在，乃相与参校，以正书并列中间，临拓转写多，不无失实。好事者能因其遗法，以意自求于刻画之外，庶几绝学可复续也。"末署"宣和二年上巳日，知颍昌军府事缙云叶梦得题"。邓公，张士逊也，此本是否即《书史》所记之本，固不可知，然今世所传宋刻皇本《急就章》，仅赖此石存其遗影矣。

唯杨氏刻本中缺五段，补以宋克写本，又散缺十八字。跋云："余昔家居，见族伯颠道先生凡作诗文，多以章草书之。因问其字源，乃以《急就章》帖授与。惜前后缺落三百余字，无别本仿补。他日仕游，博采善本完之，俾古帖复显于时，名教中美事也。比典松江刑狱，始获睹宋仲温之墨迹于翰林归省编修杨廷瑞处，字体略小，格法亦少变，而笔笔皆有古意。将欲摹附帖后，其书竟为好事者窃秘，盖亦不知余有斯帖然也。而福建前参政任公勉之，以摹仲温之本出示，遂临仿其缺者落者，以补其后。虽转摹再四，脱真者多，当点画波磔之间，梗概尚在。"按叶跋明著二千余字，自是全篇，杨刻有缺文，盖所据者为残帖耳。

南宋刻《澄清堂帖》卷十一残本一册，明库装，商丘宋氏故物。继为固始张氏世守，余见之于镜菡榭中。卷内有宋人《急就章跋》十一段，而正文不存，其跋语似亦不止十一段。即此十一跋观之，帖中所刻《急就章》，即宋人所传之皇象本也。爰详录于后，以见皇本墨迹传授始末。

章草《急就章》，世传皇象书，然纸墨尚新，疑唐人善书者摹拓本也。近世书法几废，谁复能为此？观其结体遒劲，笔势奕奕若飞动然，真可宝玩。元祐甲戌四月十日，信安山人谨记。

赵子昼、程俱、江袖、江费同观于吴兴之溪堂。政和癸巳九月十五日。

三衢程俱，铜都江袖、江费，南京赵子昼，政和乙未腊日，观皇象书于吴兴溪堂。

后十八年，岁在癸丑，暮春之初，子昼过致道山居，同观于胜林堂，时二江下世久矣。

右故左辖邓公圣求所藏章草《急就章》本，得于张邓公家。后以予其婿紫薇舍人程公致道之父，所谓信安山人者也。致道在时，甚秘爱此书，既没，始为其婿赵伯旸所取，最后予访得之。故人尤延之嗜古书帖甚笃，乃以遗之。

乾道戊子十月乙未，信安毛开记。

顷岁尝得刻本，宁有此飞动之势。识其人于图画间，要岂若觌面之为真也。张栻书。

陈骙、叶翥、刘焞同观，乾道庚寅六月二十日。

乾道庚寅秋七月八日，吴兴陶定观。

萧照邻、李元翁、虞仲防、乾道庚寅季冬十一日同观。

楼钥敬观。

右《急就章》一卷，先大父文简公得之于三衢樵隐毛先生平仲，其传授源流，具载跋尾。□□□□□法度□□□□公□当承平时，石林叶公尝刊于颍昌郡斋。绍兴中，又有以颍昌本覆刊于三衢者。考其点画，无复有此飞动气象矣。端挈来东淮，携此卷自随，因刻诸石。又得今军器监谢公愈修所书释文，并刻于后，以贻好事者。距大父跋后八十年，当淳祐丁未仲秋十日，孙端谨识。时毛公之孙佃，偶留东塾，相与共董刻焉。

观夫诸跋，知叶本刻于颍昌郡斋，而绍兴中又有以颍昌本覆刻于三衢者。今观松江本叶氏结衔知颍昌军府事，与尤氏跋合。顾千里《跋急就篇》云："叶梦得题史游《急就》，相传为皇象书，摹张邓公家本。张必碑本，叶从而摹之。"（见《思适斋集》卷十四）是未考张家之本，原为墨迹，徒见《玉海》称碑本，故谓张本为碑。昔人于石刻称碑称帖，初不甚严。又如松江本行款虽为帖式，而分层刻于碑石中，欲正其名，不亦难乎！唯《玉海》所据者为颍昌，为三衢，抑为《澄清堂帖》，则不可知耳。

孙矿《急就章跋》云："此但存章草形体耳，无论是皇象笔与否，古意总已全失。"（见《王氏书画跋跋》卷二）其笔意之失，叶石林固已言之，今古本日亡，即仅存之形体，以其足为考辨之资，亦复可宝。

又松江刻本，缺几字则空几格，唯第一章"延"字至"方"字中缺三字，只空一格，殊不可解。及见徐铉、赵孟頫本，篇首俱从"急就"字起，第二章以下始著章数，乃悟皇本篇首殆亦原无第一两字，后人增之。以全篇行款移动非易，故但改前数行，以其挤写独在真草各四行之末，又可测原帖必每页八行，翻刻移行，只动首页耳。于斯反证徐、赵诸本，自"急就"字起者，皆唐摹旧式也。

四　皇本异文及字数

《玉海》所引碑本，无论是否叶刻，既云皇象书，则与松江同源，似不应尚有异文。以浙局本《玉海》校之，其当松江覆叶本缺处不论外，尚有十字不同。因详考其歧互之由，分别论之如后。第十一章"铁"下一字，叶释"锥"，《玉海》引作"铨"，观堂校记曰"因锥草书与铨相似而误释"，此《玉海》误辨草体也。

第十八章"桿棁"，《玉海》皆作"手"旁，字之从"手"从"木"者，昔人每混用之。又第廿九章"遝"，《玉海》引作"逯"，"逯"即"遝"之古文，此《玉海》以别体写释文也。以别体写释文，叶氏亦屡为之，如第十一章"稟"释"廩"，第十八章"鐊"释"錫"，第廿四章"槸"释"槽"，第廿六章"絜"释"潔"，第廿九章"忩"释"憁"等，是也。如但见释文，而谓其草字偏旁原如是者，不亦颠乎！

第十二章"缶"下一字，左旁与"缶"字草法相同，叶释"瓵"，是也。《玉海》宋太宗本作"甄缶"，注曰"碑本作缶甄"，意在明其倒矣，而忽"甄""瓵"之不同。第十九章

“榜”字，《玉海》宋太宗本作“軝”，注引碑本作“轄”，意在改“氐”为“髣”而忽略“车”旁未改也。第廿三章“梨卢”，《玉海》宋太宗本作“藜芦”，注曰“碑本作黎卢”，意在明其并无“草”头，而忽略“黎”“梨”之有异也。此皆顾此失彼，牵连上文而误者。

第廿一章“鹞”下一字，叶释作“鳵”。《玉海》曰：“碑本鸨作鸧。颜注本作鸨，注曰‘字或作鸧’。”观堂校记曰：“唐人写《毛诗·唐风》，鸨羽作鳵羽，《玉篇》鸨字亦如是作，作鳵者讹。”按其字草书左旁作“凡”者，“卂”中一画起笔微缺也，释文作“鳵”者，叶氏之误仞也。颜注举或作者，谓此字有此别体也。《玉海》引作“鸧”者，疑后人以从“凡”之字，字书所无，又不知其何以致误，遂从颜注或作校改也。

第十四章“溃”，《玉海》引作“墤”，则误仞“水”旁牵丝与中点相贯。第十二章“钘”，《玉海》引作“鉼”，“幵”上有无两点，俗书最多混淆，此皆传钞刊刻之误也。

即此观之，松江本与《玉海》所引碑本，昔人谓之皆合者固疏；而见此异文，不详察其故，遽疑其非出一源者，亦属痴人前不得说梦。《学津讨原》刻《急就篇》出于《玉海》，“還”“梨”“钘”、“榜”四字与松江本同，其所据《玉海》版本，盖早于浙局底本。他日倘得元明旧刻《玉海》一校之，更当有所印证也。松江本中，灼然讹误，及叶释可疑者，亦有数字，列举于后：

第二章"田广国"之"田"字，与第三章"田细儿"之"田"字，草法不同，汉简作"由"。"田"字者，盖"由"字直画上端剥落也。第廿三章"土人"，"人"字失韵，他本皆作"瓜"，"人"字者，盖"瓜"字之下半剥落也。此皆墨迹坏字，叶氏从而误释者。

第廿四章"面目"下一字，左旁作"禾"，叶即释"种"，于文义当是"肿"。草书"肉"旁与"禾"相近，盖墨迹偶有贼毫，叶遂误释，而忘其不辞也。第廿八章"怜"下一字，叶释"辞"，其字与"辞"绝不似，而形近于"城"，或释为"诚"，于义尚近。此则墨迹模糊，涉于疑似，叶氏释文，因而未安者也。

第十四章"搣"字，从"威"，叶释从"戚"。又同章刻画之"画"，叶释作昼夜之"昼"，其草字分明，而释文犹误，则直松江翻摹之误。吾且疑杨氏藏帖，未必颖昌原石，或出三衢覆刻者。罗愿曰："今世有一本，相传是吴皇象写，比颜解本无'焦灭胡'以下六十三字，又颇有讹脱。"语见《玉海》本跋。所谓脱者，殆指散缺诸字，所谓讹者，又当别论，彼以至道御书为正，故指异文为讹耳。

龚自珍《最录急就》曰："《急就》依王伯厚写本所据碑本作某某者，颇疑之。赵孟頫尝临皇象矣，墨迹贮大内，乾隆初，诏刻石嵌于西苑之阅古楼者是也。予家有拓本，以校王伯厚语，知其不然。岂赵临皇象，而偏旁实不从之耶？抑皇象有二碑耶？"（见《定庵文集补编》卷三）其所指赵本，即三希堂所刻者，赵氏固未明言临皇象，即使果临皇象，岂得以其与《玉海》刻书有异，而疑皇象原本哉！

上举诸例，所以证《玉海》刻书及松江摹帖致误之由，至全篇之文，应以何字为正，前贤考订，其说每不一致。又章草字体之源流，某生于篆，某生于隶，与夫何为正体，何为俗变，则孙氏考异，与近代李古余先生《草说》，及玉烟堂帖本《急就章草法考》等书，所论颇详，皆非本章所能尽述。

《急就》每章六十三字，以卅一章计之，得一千九百五十三字。再加章首第一、第廿、第卅等八十一字，共二千零三十四字。诸家所举，泰半参差，其得实者，殊不多见。

索靖本，黄跋称缺七百五十字，叶跋称缺七百五十九字，有九字之差，索本无传，莫得稽考。皇本叶跋称二千二十三字，犹得谓不计缺文。钮树玉校定皇象本《急就章》，刊于《灵鹣阁丛书》者，跋中误计全篇字数为二千零五十字。松江翻叶刻残本，实存一千四百字。唯严可均《铁桥漫稿》卷九所记字数不误。玉烟堂重翻，并未再缺。孙氏考异记绍圣帖本一千三百九十九字，钮氏记松江本字数与孙氏同。观堂校记于松江本类帖本字数又与孙钮并同，绍圣本、类帖本皆即玉烟堂本，下章辨之。三家记四本，皆少一字，不解何故。

玉烟堂帖本《急就章草法考》谓玉烟帖存一千三百三十五字，乃指除去复字而言。王静安先生代友人作《重辑苍颉篇》，其叙录谓《急就》全篇除去复字得一千六百十八字。按《四库提要》谓《急就》无一复字固属不然，而何字为复，亦未易言也。如松江本之"由"字误为"田"，"肿"字误为"种"，究应视为一字，抑为两字？其他形近而释文不同者，亦屡见不鲜，胥凭释文之人断定之。然则今日之计复字者，但能谓某家释文复若干，不能谓史游所作复若干也。

计数最误者，莫过杨政，既以宋克写本补叶本五段之缺文，每段之下必详注"右自某至某若干字，补某章某字下至某章某字上"，其详密无以复加。总计所补之字，已逾六百。而帖后跋云"惜前后缺落三百余字"，则三家计数同遗一字，又不足讶。而仅依前人所举字数，以定某为何本者，其难信据，可想而见矣。

五　伪古刻二本

明末海宁陈氏刻《玉烟堂帖》，第一卷有《章草急就》一本，行款缺文以及点画肥瘦，与松江本无一不同。董其昌序有结集历代名迹与石刻佳本之语，知其翻自松江无疑，但删真书释文及所补宋克书耳。

嘉庆三年孙星衍据一有绍圣款字之帖本，撰《急就章考异》一卷。序云："今所见法帖，有绍圣三年摹勒本，与《玉海》所载碑本文字异同皆合，即王应麟所引碑本也。叶梦得

《石林集》云：'史游《急就章》二千二十三字，相传为皇象书。'又云：'索靖《章草急就篇》一千四百五十字。'今绍圣本才一千三百九十九字，前题史游名，知即索靖本。"卷末记其款字云："绍圣三年春王正月摹勒上石。"又列征引各本之目曰，帖本绍圣摹勒皇象本，自注："即《玉海》碑本。"其究为皇为索，竟不能自圆其说。

《铁桥漫稿》卷九《急就篇跋》谓"华亭重刻与绍圣帖本对勘，字数悉同，行十一字亦同"。观堂校记曰："岱南阁本孙序云出索靖，卷末复谓之绍圣摹勒皇象本。序又言其本存一千三百九十九字，与松江所刻叶本存字正合。则云出索靖者固非，即绍圣三年摹勒之款，亦不可信也。叶本摹于宣和二年，尚存二千二十三字，岂绍圣所刊之本，字反锐减，乃与明刊叶本正合耶？又顾千里所录，洪筠轩所摹，皆出孙本，皆与叶本同，疑即松江本。"按此说至辨，顾校洪摹之本，吾未之见，疑皆原稿未刊者。唯《绍圣帖》实即《玉烟堂帖》，出于松江本者，非即松江本也。

窥其所以指为索靖之故，殆有二端：一、其文字异同虽与皇象碑本相合，而不即定为皇者，以碑无缺文，而此有缺文也。二、叶梦得所记索本缺字之数，与此略近，故宁指为索本耳。

卷尾复标皇象之名者，其来亦有所自。盖考异正文虽称用颜师古本，而实据帖本改其字，帖之所缺，则用《玉海》引碑本补之。所注诸本异文，亦多沿用《玉海》所校者。故《玉海》征引各本之目，孙氏亦必照录之，始足见黄本、越本为何物。比而观之，则皇象二字之踪迹自见。

《玉海》	考异
碑本皇象书	帖本绍圣摹勒皇象本即《玉海》碑本 又梁相国国治临本
颜本颜师古	颜本颜师古
李本李仁甫	李本李仁甫
越本朱文公刊于浙东	越本朱文公刊于浙东
	《玉海》本王应麟补注

其征引之目，全袭《玉海》，不得独改皇象之名，又欲举其帖本为证，糅而一之，不觉遂与序文矛盾。且黄本、李本、越本，乃王应麟所见者，今皆不传，孙氏并不言为转引，帖缺何字又不详注，于校勘之例，亦嫌未妥。至所引《石林集》二条，皇象条在松江本后，索靖条在《东观余论》中，《石林集》皆无，而《佩文斋书画谱》卷七十载之，并注《石林集》。岂《书画谱》所据，别有内府所藏足本，世所罕传者耶？孙氏又何从而见之？殆从谱中转引者也。

何以见为《玉烟堂帖》乎？曰字数既合，标题又复同误，绍圣款字，则从伪帖移装者。试观《玉烟堂帖》，卷首顶格总题"汉魏法书"四字，其后低格标"汉章帝"三字，后列《千字文》，再标"史游"二字，后列《急就章》。以次张芝名后列

《八月九日帖》，皇象名后列《顽阁帖》。夫松江本之称皇象书，其来已久，尊而上之，直称此残本为史游书者，乃玉烟所独，未之前闻者也。如云为标撰人之名，则《千字文》之前，何以不标周兴嗣乎？帖本《急就章》，而前题史游名，非玉烟堂本而何？即此一端，不待目验原拓，已足定谳也。

今世流传伪本套帖，吾尝见《绛帖》《星凤楼》《戏鱼堂》等数种，内容略同，首题及尾款各异。《星凤楼》帖后有此十二字篆书之款。《星凤楼》刻于南宋，则此款又别有来源，为伪中之伪，盖乾嘉时帖估所造以欺人者。钱泳记伪法帖云："吴中既有伪书画，又造伪法帖，谓之充头货。旧有含翠亭伪帖，以宣城梅鼎祚《真娘墓诗》为米南宫作。更有奇者，买得翻版《绛帖》一部，将每卷头尾两张重刻年月，以新纸染之，充作宋刻。凡五部：一曰《绛帖》，二曰《星凤楼》帖，三曰《戏鱼堂》帖，四曰《鼎帖》，五曰《潭帖》。各省碑客，买者纷纷，遂取旧锦装池，外加檀匣，取收藏家图章，如项墨林、高江邨之类，印于帖上，以为真宋拓。而官场豪富之家，不知真伪，竟以厚值购之。"（见《履园丛话·碑帖类》）孙氏所见《急就》尾款，即从伪《星凤楼》帖移装者。或曰：安知其帖非北宋官刻之一乎？曰：北宋官刻有无《急就》，固不可尽考。唯史游真迹，宋人无一言之者。且绍圣刻帖，何独与玉烟标题同误，字数又与松江相等乎？

今既知绍圣帖为玉烟堂本矣，"毋缚"以下，所缺才四十七字，并后缺三段计之，尚不及三百字，即以缺字而言，亦无定为索本之理。

《孙氏祠堂书目》卷一小学类："《急就篇》一卷，汉史游撰。一《玉海》刊本，一明华亭石刻本，一星衍校刊本。"其序作于嘉庆五年，书刻于嘉庆十五年，皆在撰考异之后，不登绍圣帖本者，以其称所见法帖，或非其家所藏。或既得松江本后，识帖之伪，而删去者。又考异第十章"撻韣"二字，独异于《玉海》引碑，而与补宋克本同，殆见松江本而追改者，不得谓伪绍圣帖多此二字也。

其后庄世骥亦撰《急就章考异》，其篇首注曰："篇内所列正文，以绍圣三年勒石本为据。"其书屡称孙渊如观察之说，而正文皆同于孙本，盖非以帖为据，实以孙氏考异为据耳。光绪间遵义郑知同序云："首题用绍圣石本为据者，皇书旧有碑文，宋代重刊，庄氏盖见其本云。"可谓耳食之谈矣。

沈子培先生得一拓本，号之为玉烟祖石，跋曰："余收此，以为玉烟堂刻，常卖杨生以为非，谓纸墨镌刻均不类，余无以折之。检前后印记，有'渤海陈氏珍藏'与'此书曾藏玉烟堂'二印，世罕自刻自藏之例，此或玉烟堂祖石，元明旧刻未可知。"又云："《急就章》自松江本外，世间遂无第二刻本。松江石在，而拓本亦至艰得。余求之有年，仅得江宁陈氏独抱庐重刻书册本耳。集帖自玉烟外，亦无摹刻《急就》者。思元明书家盛习章草，所资以为模范者，未必别无传刻也。况玉烟

搜罗旧刻以成，固明见香光序文中，无庸疑也。"（见《寐叟题
跋》一集上卷）余尝寱寱思之，以不得一见为恨。

其帖后为上海神州国光社影印，题跋俱在，帖前失二行，
寐叟补书。后附张芝、皇象二帖，灼然玉烟堂帖。篇首二行，
与史游之名在一页中，必帖估撤之以灭迹，殆亦深知标题史游
为玉烟本之特征也。唯石无损泐，乃拓本之旧者。叟既蔽于常
卖杨生之说及陈氏二伪印，又未见松江拓本，遂疑董序所指，
别为古刻，至误以玉烟旧拓当之。不思岂有古刻《急就》，而必
附张皇之帖乎？想见得帖之时，乘兴跋尾，故不及详思博考耳。

此本观堂校记称之曰类帖本："重摹叶本千三百九十九字，
无释文，无宋补字，嘉兴沈氏所藏。"余初疑其有所回护，及
计其据校诸本，独无《玉烟堂帖》。且于孙氏帖本，疑为松江，
而不疑为玉烟。知观堂于海宁陈氏之帖，盖亦未尝留意也。

六　传世诸本综述

甲　隶、真、今草写本

一、汉人隶书本一。汉人隶书本《流沙坠简》所印六简外，
近人张凤氏《汉晋西陲木简汇编》二编，亦载汉人隶书《急就》
第十四章木觚三面。第一面首题第十四，下书"承尘户帘"七
言三句，其他两面各三句。以松江本校之，有异文十字。

二、汉人隶书本二。《汇编》二编复载隶书残简一段，在

第三章"程"字至"终"字共八字，字体草率，与前觚不同，张氏题曰《急就姓氏儿笘》是也。

三、汉人隶书本三。隶书残砖，自"急就"至"少诚"共三行"觚"字下脱"写与"字，右下角"列"字缺其半，左下角"诚"字全缺。乃砖未经火时信手所书，不能与简册齐观。自青榭宋克本罗跋中所言易州砖本第一章，即指此也。旧藏邹氏适庐，闻近已易主。

四、魏刻古文残字。字作三体石经古文体。存"觚""与""众""异""罗"五字，首尾二字俱残。此行之右尚有四残字，不可辨读。疑是刻三体石经之石工习刀法时所刻，以其左尚有空处，并无文字也。见孙海波编《魏三体石经集录·附录》。

五、晋人隶书残纸。一纸上书六行，每行五六字不等，自"急就"至"务之"，共卅二字，见日本伏见冲敬所编《西域出土木简及残纸》一书。

六、晋人隶草合写本残纸。即前一纸之背，有竖栏，共九行。前四行隶书首章，自"急"至"喜"。次四行章草书首章。第九行隶书"凤凰飞矣于高冈梧"八字。盖亦习写杂书，非录全篇者也。

七、吐鲁番出土高昌真书写本残字纸数段，有延昌八年戊子岁题识。有注，或谓为崔浩注本，藏新疆博物馆，尚未发表。延昌八年为陈废帝光大二年，公元五六八年也。

八、颜师古注本。传钞传刻甚多，不具记。

九、空海今草写本。日本僧空海今草写本一卷，中有断缺。有日本影印本。

十、赵孟頫真书本。刻入《安素轩帖》。

十一、俞和真书本。《三希堂帖》第廿七册刻俞和小楷书，首无"第一"两字，末题"右汉史游《急就章》释文，至正乙酉岁二月三日后学俞和录"。周鼎跋云："□氏藏《急就章》，三子，昂、仲温皆章草，俞和小楷。"旧所装本，俞与赵每幅相间合为一册，今已分装。盖紫芝患章草难读，故为之释文，剪赵书数幅，而以己书间入，以便观者。后人分装为二，使各成一家书。观堂校记只引两字，以为三希赵书草字之证而已。其原合装之赵书本，即艺苑真赏社所印之底本。

乙　章草写本

一、松江本。明吉水杨政以叶梦得刻本重摹，石在旧松江府学，世称松江本。其本以章草为主，每行左方附真书大字释文。昔人所谓皇象本者，即指其章草之底本也。中有残缺，杨政以宋克写二体本补之。

二、玉烟堂帖本。明海宁陈氏刻，即摹松江本之章草部分，而删其真书诸行，亦不存所补宋克诸章。

三、徐铉本。《戏鸿堂帖》第十册，刻十二行，自"急就"字起，无"第一"两字，至第三章"宜"字止。无款字，无题跋，董其昌标题"徐铉《急就篇》"。鸿堂于古法书之长篇者，多节刻之，如徐浩《道经》上卷，仅摹九行，以见笔法于一斑而已。此本至十二行行末而止，前后不见残损，疑亦节刻者也。

四、赵孟𫖯写本一。《石渠》旧藏册页本，全篇卅一章，篇首无"第一"两字，其后每章章数皆具，款曰"大德癸卯八月十二日吴兴赵孟𫖯"。后鲜于枢一跋、一诗，曾刻于《三希堂帖》第十八册。又康熙间人署更生翁者两跋，《三希堂帖》删之。观堂校记谓其"章草甚无法度，不似文敏书，盖明人摹本"。按元人章草固不能与汉晋法度并论，松江补本且用宋克所书，此册纵属明人所摹，而字样犹在，固当不在宋书下也。校记谓叶本第一、第二两章所缺十五字，此本有之，然他章缺字，此本亦缺，殆与叶本同源。

五、赵孟𫖯写本二。册页本，止于卅一章，首无"第一"两字。项元汴旧藏，有诸藏印。前周寿昌题引首，后复跋尾二段。第十七章"尻"字之下，至第十九章"犁"字之上缺。周跋言缺两段，盖指两页也。上海艺苑真赏社影印。

六、赵孟𫖯写本三。沈阳博物馆藏《石渠》旧藏赵孟𫖯写本，有姚广孝跋。此本笔力殊弱，疑出临写者。有文物出版社影印本。

七、邓文原写本。《石渠》旧藏一卷，即汪珂玉《珊瑚网》卷十著录者。款云："大德三年三月十日，为理仲雍书于大都庆寿寺僧房，巴西邓文原。"有元明人跋六段。此卷前于三希赵书本三年，结构点画与之悉同，而笔力较弱。赵本缺字此无不缺，更时有脱字误笔。第十三、十四两章之间，脱误尤多。邓氏书宗赵法，此必从赵书他本所临者也。

八、宋克写本一。《石渠宝笈》旧藏一卷，后有周鼎跋。今藏故宫博物院。有文物出版社影印本。

九、宋克写本二。矮纸小卷，今藏天津艺术博物馆。

十、宋克写本三。《石渠》旧藏小卷，首缺一段，尾全，今不知所在，余曾见唐兰先生临本。

十一、宋克写本四。花笺本一卷，首段书张怀瓘用笔十法，次段行书"急就章"三字，以下接写章草《急就》本文，无每章章数，至"比伦"止。"伦"字在半行处，知为随手节书者。字迹与宋氏他书微异，或明初他人书者。闽县卓氏自书榭得之，分装成册，影印行世，题为宋仲温书。

十二、乾隆御笔本。大方石上刻，小字章草全篇，自题临邓文原本。不知其石嵌于何处，亦不知今存否也。

十三、独抱庐木刻松江本。道光丁亥，三山陈宗彝独抱庐以写刻书籍之法翻松江本，以所补宋克书填入行中，观堂校记曰："此重刊松江本，间有校改之字，如土瓜瓜字，与松江本异。"按其首章"少""诚""快""意""卿"诸字又为臆补，点画复有讹误者。翻刻本中，此为下乘。今松江本传拓复广，罗氏《吉石庵丛书》中且影印之，此本已可废。吾恐他日松江残泐，如有据此以考杨刻旧拓者，则将为所误，故详著之。后有陈氏跋，无关考订，但知其底本借自顾千里而已。

十四、泰和馆帖。近人欧阳辅氏《集古求真》卷八《急就篇》条曰："余所得本，首题泰和馆帖，有旧跋谓为宋内府刻，证以《珊网一隅》。余无此书，不知其说若何？"又曰："十五章'筑钳'余本作'铮'，与王伯厚注碑本作'铮'合。"按《玉海》并无此言，其帖源流不明，旧跋亦不足据。所举某字正某字误，皆草书释文之歧互者，尤无足论也。按此余一九四六年初稿之文，其后见影印本，盖以松江本翻刻，妄加宣和诸印，并补篇首诸缺字。以首章之首，松江加"第一"两字，后有缺字，并不觉其多字。此本既补全诸字，章中遂少二字之地位，于是在"郑子方"处，旁跨二小字，殊为可笑。此本不待目验影本，即观欧阳氏语，已足见其可疑矣。

十五、《韬庐隶谱》本。光绪丙申歙县汪宗沂撰《韬庐隶谱》，中有西汉稿书《急就章释文》一篇，所释与诸本颇多不同处。如"与众异"释为"使众异"，"屈宗谈"释为"屈宗湘"。后附章草写本一通，字迹拙劣，草法亦牵合其改释之字，并有"焦灭胡"一章。篇末题"韬庐集各本，计二千零二十四字"。所谓各本，不知何本也。

七　后　记

《急就》古本，出土日多，惜皆断简残纸。元明人多临章草本，当时盖有石刻本流传于世。邓文原本后有袁华跋云："今石刻相传为吴皇象书，比颜师古所注者，无'焦灭胡'以下六十三字，又颇有讹脱。"此跋书于洪武十二年，在松江刻石之前，则所谓石刻本或即杨政所据一类之本。然赵邓诸家所临，并无残缺，知元代流传古章草本，尚有他种完本也。俞和写者，今只传真书本，明王世贞曰："钱唐俞和子中，颇得赵魏公三昧。此帖以宋藏经笺用章法书《急就章》，古色蔼然，令人不忍释手。"（见《弇州山人四部稿》卷一三一）读之使人向往。又昔人题跋著录，每见明清名家写本，就中宋克写本尤多。既未经亲见，姑付阙如。

　　章草者，字体之名也。急就章者，书之篇章名也。章草得名之由，众说多歧。或谓由于书写《急就章》者，亦无确据。即使果然，字体名亦不足以代书篇名也。后世竟或有以章草二字代称《急就章》，则误矣。又《急就章》因历代书家传写，又几成法帖之名。昔余初稿发表于《辅仁学志》时，友人之主编《学志》者见首句"古小学书"，谓余曰：考《急就章》即考《急就章》可已，何必牵扯古小学书？余乃告之曰："《急就》者，古小学书也，见于《汉书·艺文志》！足见俗语不实，承讹袭舛，亦已久矣！

一九四六年初稿，一九八〇年修订

《平复帖》说并释文

西晋陆机《平复帖》，纸本，草书九行，前有白绢签，墨笔书"□□（晋平）原内史吴郡陆机士衡书"，笔法风格与《万岁通天帖》中每家帖前小字标题相似，知此签是唐人所题。又有月白色绢签，泥金笔书"□（晋）陆机《平复帖》"，是宋徽宗所题，下押双龙小玺。其他三个角上，各有"政和""宣和"小玺。拖尾骑缝处还有"政和"连珠玺，知此即宣和内府所藏，《宣和书谱》卷十四著录的陆机真迹（明代人有以为写者是陆云，甚至推为张芝的，俱无确据，不复论）。

按陆机（公元二六一—三〇三年）字士衡，三国时东吴吴郡人，吴丞相陆逊之孙，大司马陆抗之子。史称其："少有异才，文章冠世。"（《晋书》卷五十四本传）年二十，吴被晋灭，家居勤学十年，与其弟陆云被称为"二俊"。后入洛阳（西晋的首都），参加司马氏的政权，又受成都王司马颖的重用，为平原内史，又加后将军、河北大都督。为司马颖讨司马义，兵败，受谗，与弟陆云同被司马颖所杀。著述甚多，今传有《陆士衡文集》。善书，为文名所掩。

唐宋以来，讲草、真、行书书法的，都上溯到晋人。而晋代名家的真迹，至唐代所存已逐渐稀少，流传的已杂有摹本。宋代书画鉴赏大家米芾曾说："阅书白首，无魏遗墨，故断自西晋。"而他所见的真迹，只是李玮家所收十四帖中的张华、王濬、王戎、陆机和臣詹奏章晋武帝批答等几帖（见《书史》卷上。《宝章待访录》所记较略，此从《书史》），其中陆机一帖，即是这件《平复帖》。宣和时，十四帖已经拆散不全。明张丑《清河书画舫》子集引《宣和书谱》说："陆机《平复帖》，作于晋武帝初年，前王右军《兰亭宴集序》大约百有余岁。今世张、钟书法，都非两贤真迹，则此帖当属最古也。"（今本《宣和书谱》无此条，如非版本不同，即是张丑误记）宋岳珂《宝真斋法书赞》卷二十跋《米元章临晋武帝大水帖》说："西晋字，在今岂可复得！"明董其昌跋说："右军以前，元常以后，唯存此数行，为希代宝。"其实明代所存，不但钟帖已无真迹，即二王帖，亦全剩下唐摹本了。按先秦和汉代的简牍墨迹，宋以前虽也偶有出土的，但数量不多，不久又全毁坏。可以说，在近代汉、晋和战国的简牍大量出土以前，数百年的时间，人们所能见到最古的，并非摹本的墨迹，只有这九行字。而在今日统观所有西晋以上的墨迹，其中确知出于名家之手的，也只有这九行。若以今存古代名家法书论，这帖还是年代最早的一件，以今存西晋名家法书论，这帖又是最真实可靠的一件。

这一帖称得起是流传有序的。米芾《书史》记载检校太师李玮收得晋贤十四帖，原装一大卷，卷中有"开元"印和王涯、太平公主等人的藏印，卷前有"梁秀收阅古书"印，后有"殷浩"印。米芾说梁、殷都是"唐末鉴赏之家"，可知这一大卷的收集合装是在唐末。今《平复帖》第九行下半空处（八行"寇乱"二字之左）有"殷浩"朱文印，因而可知就是李玮所收那一大卷中的陆机一帖。论起这《平复帖》的收藏者，就现在所知，最先的应推殷浩和梁秀。再据《书史》所记，那一大卷宋初在王溥家，传至其孙王贻永，转归李玮。后入宣和内府。但《宣和书谱》所载，并未完全包括那一大卷中的帖，可知大卷的拆散，是在李玮收藏的时候。此后靖康之难，宣和所藏尽失，《平复帖》踪迹不明。到元代曾经张斯立、杨肯堂、郭天锡、马昫等鉴赏，题有观款（见吴其贞《书画记》卷四）。还经陈绎曾鉴赏（见《清河书画舫》子集）。明代万历年间归韩世能，经董其昌题跋，传至其子韩逢禧。转归张丑，著录于《清河书画舫》、《真迹日录》二集、《南阳法书表》各书。清初归葛君常，这时元人观款被割去。又归王际之。又归冯铨（见吴其贞《书画记》卷四）。转归梁清标，刻入《秋碧堂帖》。又归安岐。后入乾隆内府，进给太后，陈设在慈宁宫宝座旁（见《盼云轩帖》刻成亲王题秋碧堂本《平复帖》）。太后崩世后，颁赐遗念，这帖归了成亲王永瑆，刻入《诒晋斋摹古帖》，并有记载的诗文（见《诒晋斋集》卷一、卷五、卷八），但未写入卷中。后辗转流传于诸王府，三十年前由溥儒先生手转归张伯驹先生。一九五六年归故宫博物院。卷中各家藏印俱在，流传经过，历历可考。详见《文物参考资料》一九五七年第一期王世襄先生《西晋陆机〈平复帖〉流传考略》。

这一帖是用秃笔写的草字。《宣和书谱》标为章草，它与二王以来一般所谓的今草固然不同，但与旧题皇象写的《急就篇》和旧题索靖写的《月仪帖》一类的所谓章草也不同；而与出土的一部分汉晋简牍非常相近。张丑《真晋斋记》（载在《真迹日录》二集）中只释了"羸难平复病虑观自躯体闵荣寇乱"十四字。安岐也说："其文苦不尽识。"（《墨缘汇观》"法书"卷上）我在前二十年也曾释过十四字以外的一些字，但仍不尽准确（近年有的国外出版物也用了那旧释文，随之沿误了一些字）。后得见真迹，细看剥落所剩的处处残笔，大致可以读懂全文。其中有些字必须加以说明，如：

第三行首二字略残，第二字存右半"隹"，当是"唯"字。第五字"为"起笔转处残损。末一"耳"字收笔甚长，摇曳而下。

第四行首字失上半，或是"吴"，或是"左"。

第五行"详"下一字从"足"从"寺"，是"跱"字，"详"是安详，"跱"是竦"跱"。

第六行首"成"字，中直剥断。"美"字或释"异"。

第七行首字是"爱"，按《淳化阁帖》卷三庾翼帖"爱"字下半转折同此。又《急就篇》中"争"字之首，笔作圆势，可证爱字的"爪"头。"埶"即"势"字。"恒"字"忄"旁残损，尚存竖笔上端。

第八行首字右上残留横笔的左端。右下"刀"中二横亦长出，知是"稱"（称）字。第三字张丑释"闵"，但"门"头过小，"文"字过大，且首笔回转至中心顿结，实非"闵"字。按《急就篇》"夏"字及出土楼兰简牍之"五月二日济白"残纸一帖中"夏暮"的"夏"字，俱同此。第四字右半残损，存一小竖的上端，当是"伯"字。

第九行首字残存右半，半圆形内尚存一点，知是"问"字。

详观帖文，乃是谈论三个人，首先谈到多病的彦先。按陆机兄弟二人的朋友有三个人同字彦先（陆云与平原、与杨彦明书中也屡次谈到彦先，而且是多病的。见《陆士龙文集》卷八、卷十）：一是顾荣，一是贺循，一是全彦先（见《文选》卷廿四陆机诗李善注）。其中只有贺循多病，《晋书》卷六十八《贺循传》记述他赢病情况极详，可知这指的是贺循。说他能够活到这时，已经可庆；又有儿子侍奉，可以无忧了。其次谈到吴子杨，他前曾到陆家作客，但没受到重视，这时临将西行，又来相见，威仪举动，较前大有不同了，陆机也觉得应该对他有所称誉。但所给的评论，仍仅只是"躯体之美"，可见当时讲究"容止"的风气和作用，也可见所谓"藻鉴"的分寸。最后谈到夏伯荣，则因寇乱阻隔，没有消息。如果这帖确是写于晋武帝初年，那时陆机尚未入洛，在南方作书，则子杨的西行，当是往荆襄一带去了。

这一帖是晋代大文学家陆机的集外文，是研究文字变迁和书法沿革的重要参考品，更是晋代人品评人物的生动史料。

一九六一年九月，一九六四年修改

附录：《平复帖》释文

彦先羸瘵，恐难平复。往属初病，虑不止此，此已为庆。承使□（唯）男，幸为复失前忧耳。□（吴）子杨往初来主，吾不能尽。临西复来，威仪详跱，举动成观，自躯体之美也。思识□量之迈前，（执）（势）所恒有，宜□称之。夏□（伯）荣寇乱之际，闻问不悉。

《兰亭帖》考

东晋永和九年（公元三五三年）三月三日，大文学家、大书家王羲之和他的朋友、子弟们在山阴（今绍兴县）的兰亭举行一次"修禊"盛会。大家当场赋诗，王羲之作了一篇序，即是著名的《兰亭序》。这篇文章历代传诵，成为名篇。王羲之当日所写的底稿，书法精美，即是著名的《兰亭帖》，又是书法史上的一件名作。原迹已给唐太宗殉了葬，现存的重要复制品有两类：一是宋代定武地方出现的石刻本；一是唐代摹写本。

宋代有许多人对于《兰亭帖》的复制作者提出种种揣测，对于定武石刻本的真伪也纷纷辩论。到了清末，有人索性认为文和字都不是王羲之的作品。

这篇《〈兰亭帖〉考》是试图把一些旧说加以整理归纳，并对存在的问题进行一些分析，然后从现存的唐代摹本上考察原迹的真面目，以备读文章和学书法者作研究参考的资料。不够成熟，希望获得指正。

一

　　论真行书法，以王羲之为祖师，《兰亭序》又是王羲之生平的杰作，自南朝以来，久已成为法书的冠冕。这个帖的流传过程中，曾伴有种种传说，而今世最流行的概念，大略如下：唐太宗遣萧翼从僧辩才赚得真迹，当时摹拓临写的人，有欧阳询和褚遂良。欧临得真，遂以上石，世称定武本，算作正宗；褚临多参己意，算作别派。这种观念，流行数百年，几成固定的历史常识。但一经钩核诸说，比观众本，则千头万绪，不可究诘，而上述的观点，殊属无稽。如细节详校来谈，非数十万字不能尽，兹姑举要点来论，论点相同的材料，仅举其一例。

　　甲、唐太宗获得前的流传经过：一、原在梁御府，经乱流出，为僧智永所得，又入陈御府。隋平陈，归晋王（炀帝），僧智果从王借拓不还，传给他的弟子辩才（见唐刘𬤇《隋唐嘉话》卷下）。二、真迹在王氏家，传王羲之七代孙僧智永，智永传他的弟子僧辩才（见唐张彦远《法书要录》卷三载唐何延之《兰亭记》）。三、"元草为隋末时五羊一僧所藏。"（宋俞松《兰亭续考》卷一引宋郑价跋。《兰亭续考》以下简称《俞续考》）。

　　乙、唐太宗赚取的经过：一、"太宗为秦王日……使萧翊就越州求得之。"（《隋唐嘉话》卷下）二、唐太宗遣御史萧翼伪装商客，与辩才往还，乘隙窃去（见《兰亭记》，赵彦卫《云麓漫钞》卷六引《唐野史》事略同）。三、"武德四年

欧阳询就越州访求得之，始入秦王府。"（宋钱易《南部新书》卷四）

丙、隋唐时的摹拓临写：按双钩廓填叫作响拓，罩纸影写叫作摹，面对真迹仿写叫作临，其义原不相同。而古代文献，对于《兰亭帖》的摹本，三样常自混淆，现在也各从原文，合并举之。一、智果有拓本（见《隋唐嘉话》卷下）。二、赵模等四人有拓本。何延之云："太宗命供奉拓书人赵模、韩道政、冯承素、诸葛贞等四人各拓数本。"（《兰亭记》）三、褚遂良有临写本。张彦远云："贞观年，河南公褚遂良中禁西堂临写之际便录出。"（《法书要录》卷三载褚遂良《王羲之书目》后跋，"录出"者，指羲之各帖之文，其中有《兰亭序》）四、唐翰林书人刘秦妹临本。窦臮云："兰亭貌夺真迹。"（《法书要录》卷六载《述书赋》卷下）五、麻道嵩有拓本。钱易云："麻道嵩奉教拓二本……嵩私拓一本。"（《南部新书》卷四）六、汤普彻等有拓本。武平一云："（太宗）尝令汤普彻等拓《兰亭》赐梁公房玄龄已下八人。"（《法书要录》卷三载唐武平一《徐氏法书记》）七、欧、虞、褚有临拓本。何延之云："欧、虞、褚诸公皆临拓相尚。"（《兰亭记》）八、陆柬之有临拓本。李之仪云："一时书如欧、虞、褚、陆辈，人皆临拓相尚。"（宋桑世昌《兰亭考》卷五引宋李之仪跋，按"陆"指陆柬之。桑世昌《兰亭考》以下简称《桑考》）九、智永有临本。吴说云：《兰亭修禊前叙》，世传隋僧智永临写，后叙唐僧怀仁素麻笺所书，凡成一轴。"（《桑考》卷五引宋吴说跋）十、王承规有模本。米友仁云："汪氏所藏《三米兰亭》……殆王承规模也。"（《桑考》卷五引宋米友仁跋）另有太平公主借拓之说，乃是误传，不具列[一]。后世仿习临摹和辗转传拓的，也不详举。

以上甲、乙、丙三项中多属得自传说和揣度意必之论，并列出来，以见它们的矛盾分歧。宋以后人的话，更无足举了。

丁、隋唐刻本：一、智永临写刻石本。《桑考》云："隋僧智永亦临写刻石，间以章草，虽功用不伦，粗仿佛其势，本亦稀绝。"（《桑考》卷五，未注出处。又卷七引宋蔡安强跋谓智永本为正观中摹刻）二、唐勒石本。《桑考》云："天禧中，相国僧元霭曾进唐勒石本一卷，卷尾文皇署"敕"字，旁勒"僧权"二字，体法既臻，镌刻尤工。"（《桑考》卷五，未注出处）三、唐刻版本。米芾云："泗州山南杜氏……收唐刻板本《兰亭》。"（《桑考》卷五引宋米芾跋）四、褚庭海临本。黄庭坚云："褚庭海所临极肥，而洛阳张景元劚地得阙石极瘦，定武本则肥不剩肉，瘦不露骨，犹可想见其风。三石刻皆有佳处。"（《桑考》卷六引宋黄庭坚跋）这都是宋人所指为隋唐刻本的，并未注明根据，大概也多意必之见。至于后世辗转摹刻，或追加古人题署，或全出伪造的，更无足述。而所谓开皇本的，实在也属这类东西，所以不举。

戊、定武本问题：定武石刻，宋人说的极多，细节互有出入，其大略如下。石晋末，契丹自中原辇石北去，流落于定州，宋庆历中被李学究得到。李死后，被州帅得着，留在官库里。熙宁中薛向帅定州，他的儿子薛绍彭翻刻一本，换去原石。大观中，原石自薛家进入御府（《桑考》卷三引宋赵桱、荣芑、何薳等跋，卷六引宋沈揆、洪迈等跋）。

这块石刻，宋人认为是唐代所刻，赵桱云："此文自唐明皇（《桑考》云："是'文皇'之误。"）得真迹，刻之学士院。"（《桑考》卷三引赵桱定武本）周勋引《墨薮》云："唐太宗得右军《兰亭叙》真迹，使赵模拓，以十本赐方镇，唯定武用玉石刻之。文宗朝舒元舆作《牡丹赋》刻之碑阴。事见《墨薮》，世号定武本。"（《桑考》卷六引宋周勋跋。功按"明皇"为"文皇"之误，已见赵桱跋，显宗当即玄宗，宋人讳玄所改者。）

定武石刻出自何人摹勒，约有以下种种说法：一、出于赵模（见周勋跋）。二、出于王承规（见郑价跋）。三、出于欧阳询。李之仪云："兰亭石刻，流传最多，尝有类今所传者，参订独定州本为佳，似是以当时所临本模勒，其位置近类欧阳询，疑是询笔。"（《桑考》卷五引李之仪跋）又楼钥云："今世以定武本为第一，又出欧阳率更所临。"（《桑考》卷五引宋楼钥跋）又何薳云："唐太宗诏供奉临《兰亭序》，惟率更令欧阳询所拓本夺真，勒石留之禁中，他本付之于外，一时贵尚，争相打拓，禁中石本，人不可得，石独完善。"（宋曾宏父

《石刻铺叙》卷下引何子楚跋，子楚，薳之字）四、出于褚遂良。米友仁云："昨见一本于苏国老家，后有褚遂良检校字，世传石刻，诸好事家极多，悉以定本为冠，此盖是也。"（《桑考》卷五引宋米友仁跋）又宋唐卿云："唐贞观中……诏内供奉摹写赐功臣，时褚遂良在定武，再模于石。"（《俞续考》卷一引宋宋唐卿跋）五、出于智永。荣芑云："定武《兰亭叙》，凡三本，其一李学究本，传为陈僧法极字智永所模。"（《桑考》卷七引荣芑跋）六、出于怀仁。米友仁云："定本，怀仁模思差拙。"（《桑考》卷五引米友仁跋）

从以上诸说看来，定武本是何人所摹，也矛盾纷歧，莫衷一是，所谓某人临摹，某人勒石，同是臆测罢了。

定武石本，宋人已有翻刻伪造的，它的真伪的区别，自宋人到清翁方纲的《苏米斋兰亭考》，辨析已详，现在不加重述。而历代翻刻定武本，复杂支离，不可究诘，现也不论。

己、褚临本问题：《兰亭》隋唐摹拓临写的各种传说，已如上述，综而观之，不下十余人。北宋时，指唐摹本为褚笔之说，流行渐多。米芾对于刻本，很少提到定武本，对于摹本，常题为褚笔。例如他对于王文惠本，非常郑重地题称："有唐中书令河南公褚遂良，字登善，临晋右将军王羲之《兰亭宴集序》。"好似有十足的根据似的。但那帖上原无褚款，所据只在笔有褚法就完了。他说："浪字无异于书名。"（见《宝晋英光集》卷七）浪字书名，是指"良"字。当时好事者也多喜好寻求褚摹，米芾又有诗句云"彦远记模不记褚，《要录》班班记名氏。后生有得苦求奇，寻购褚模惊一世。寄言好事但赏佳，俗说纷纷哪有是"（见《宝晋英光集》卷三），则又否定了褚摹之说，米氏多故弄狡狯，不足深辨。但从这里可见当时以无名摹本为褚笔，已成为一种风气了。

自此以后，凡定武本之外唐摹各本，逐渐地聚集而归列褚遂良一人名下。至翁方纲《苏米斋兰亭考》（以下简称《翁考》）卷二《神龙兰亭考》说："乃若就今所行褚临本言之，则此所号称神龙本者，尚是褚临之可信者矣。何以言之？计今日所称褚临本，曰神龙本，曰苏太简本，曰张金界奴本，曰颍上本，曰郁冈斋、知止阁、快雪堂、海宁陈氏家所刻领字从山本，皆云褚临之支系也。"又说："要以定武为欧临本，神龙为褚临本，自是确不可易之说。"功按化零为整，这时总算到了极端。欧褚这两个偶像，虽然早已塑成，但是"同龛香火"，至此才算是"功德圆满"！

综观以上资料，我们得知，围绕《兰亭》一帖，流行若干故事传说，而定武一石，至宋又成为《兰亭》帖的定型，自宋人至翁方纲，辨析点画，细到毫芒，而搜集拓本的，动辄至百数十种。但是一经钩稽，便看到矛盾百出。到了清末李文田氏，便连这篇序文和这帖上的字都提出了怀疑，原因与这有一定的关系。现在剥去种种可疑的说法和明显附会无关重要的事，概括地说来，大略如下：

　　王羲之书《兰亭宴集序》草稿，唐初进入御府，有许多书手进行拓摹临写。后来真迹殉葬昭陵，世间只流传摹临之本。北宋时发现一个石刻本在定武，摹刻较当时所见的其他刻本为精，就被当时的文人所宝惜，而唐代摹临之本，也和定武石刻本并行于世。定武本由于屡经捶拓的缘故，笔锋渐秃，字形也近于板重；而摹临的墨迹本，笔锋转折，表现较易，字形较定武石刻近于流动；后人揣度，便以定武石刻为欧临，其他为褚临，《兰亭》的情况，如此而已。

　　我又曾疑宋代所传唐人钩摹墨迹本，自然比今天所存的要多得多，以传真而言，摹本也容易胜过石刻，何以诸家聚讼，单独在定武一石呢？岂是这一石刻果然超过一切摹本吗？后来考察，唐人摹本中的上品，宋人本来也都宝重，但唐摹各本中，亦有精粗之别。即看《桑考》所记，知道粗摹墨迹本有时还不如精刻石本，并且摹本数量又少，而定武摹刻精工，又胜过当时流传的其他的刻本，再说拓本等于印刷品，流传也容易广泛，能够满足学者的需求，这大概也是定武本所以声誉独高的缘故吧！

　　现在唐摹墨迹本和定武原石本还有保存下来的，而影印既精，毫芒可鉴，比较观察，又见宋人论述所未及的几项问题，以材料论，古代所存固然比今天的多，但以校核考订的条件论，则今天的方便，实远胜于古代，《兰亭》的聚讼，结案或将不远了。

二

清末顺德李文田氏对于《兰亭》的文章和字迹，都提出怀疑的意见，见于所跋汪中旧藏定武本[二]之后，跋云：

> 唐人称《兰亭》，自刘悚《隋唐嘉话》始矣。嗣此何延之撰《兰亭记》，述萧翼赚《兰亭》事如目睹，今此记在《太平广记》中。第鄙意以为定武石刻未必晋人书，以今见晋碑，皆未能有此一种笔意，此南朝梁、陈以后之迹也。按《世说新语·企羡篇》刘孝标注引王右军此文，称曰《临河序》，今无其题目，则唐以后所见之《兰亭》，非梁以前《兰亭》也。可疑一也。
>
> 《世说》云：人以右军《兰亭》拟石季伦《金谷》，右军甚有欣色，是序文本拟《金谷序》也。今考《金谷序》文甚短，与《世说》注所引《临河序》篇幅相应，而定武本自"夫人之相与"以下多无数字，此必隋唐间人知晋人喜述老庄而妄增之，不知其与《金谷序》不相合。可疑二也。
>
> 即谓《世说》注所引或经删节，原不能比照右军文集之详，然"录其所述"之下，《世说》注多四十二字，注家有删节右军文集之理，无增添右军文集之理，此又其与右军本集不相应之一确证也。可疑三也。

有此三疑，则梁以前之《兰亭》与唐以后之《兰亭》，文尚难信，何有于字。且古称右军善书，曰"龙跳天门，虎卧凤阙"，曰"银钩铁画"。故世无右军之书则已，苟或有之，必其与《爨宝子》《爨龙颜》相近而后可，以东晋前书与汉魏隶书相似，时代为之，不得作梁、陈以后体也。

功按这派怀疑之论，在清末影响很广，因为当时汉、晋和北朝碑版的发现，一天天地多起来，而古代简牍墨迹的发现还少，谈金石的，常据碑版的字怀疑行草各帖的字。各帖里固然并非绝无伪托的，况且翻刻失真的也很多，但不能执其一端，便一概怀疑所有各帖。现在先从《世说》注文说起。

《世说新语·企羡篇》一条云：

王右军得人以《兰亭集序》方《金谷诗序》，又以己敌石崇，甚有欣色。

刘峻注云：

王羲之《临河叙》曰：永和九年，岁在癸丑，暮春之初，会于会稽山阴之兰亭，修禊事也。群贤毕至，少长咸集。此地有崇山峻岭，茂林修竹。又有清流激湍，映带左右，引以为流觞曲水，列坐其次。是日也，天朗气清，惠风和畅，娱目骋怀，信可乐也。故列序时人，录其所述。
右将军司马太原孙承公等二十六人，赋诗如左，前余姚令
会稽谢胜等十五人，不能赋诗，罚酒各三斗。

今传《兰亭》帖二十八行，三百余字，乃王羲之的草稿，
草稿未必先写题目，这是常事，也是常识。况且《世说》本文
称之为《兰亭集序》，注文称之为《临河叙》，已自不同，能够
说刘义庆和刘峻所见的本子不同吗？

至于当时人用它比方《金谷序》的原因，必有根据的条
件，《世说》略而未详。但绝不见得只是以字数相近，便足使
右军"甚有欣色"。譬如今天说某人可比诸葛亮，理由是因为
他体重若干斤、衣服若干尺和诸葛亮有相同处，岂不是笑话！
《世说》曰"人"曰"方"是别人的品评比况。李跋改"方"
为"拟"，以为右军撰文，本来即欲模拟《金谷序》，真可以说
差之毫厘谬以千里了。且诗文草创，常非一次而成，草稿每有
第一稿、第二稿以至若干次稿的分别。古人文集中所载，与草
稿不相应和墨迹或石刻不相应的极多。且注家有对于引文删节
的，也有节取他文或自加按语补充说明的。以当时的右军文集
言，序后附录诸诗，诗前有说明的话四十二字，抑或有之，刘
注多这四十二字，原不奇怪。何况右军文集《隋志》著录是九
卷，今本只二卷，可见亡佚很多，刘峻所见的本子有这四十多
字，极属可能。又汇录《兰亭诗》多有传本，俱注明某某若干

人成诗若干首，某某若干人诗不成，罚酒若干。刘注或据此等传本而综括记述，也很可能。总之，序文草稿（《兰亭帖》）对于全部修禊盛会的文件，仅仅是一部分，今本文集又不是全豹，注家又常有删有补，在这三种情况下来比较它的异同，《兰亭帖》和《世说》注的不相应，自是必然的事。抓住这一种现象来怀疑《兰亭序》文章草稿，在逻辑上，殊难成立。

以上是本证。再看旁证：三代吉金，一人同作数器，或一器底盖同有铭文，其文互有同异的很多；韩愈的文章，集本与石刻不同的也很多；欧阳修《集古录》，集本与墨迹本不同也很多，并且今天所见墨迹各篇俱无篇题；苏轼《定惠院寓居月夜偶出》诗二首，流传有草稿本，前无题目，第二首末较集中亦少二句，盖非最后的定稿。翁方纲曾考之，见《复初斋文集》卷二十九，这都是金石家、文学家所习知的事，博学的李文田氏，何至不解此例？于是再读李跋，见末记此为浙江试竣北还时所书。因忆当日科举考试，唯草稿也必须写题目，稿文必与誊正相应，否则以违式论，甚至科以舞弊的罪名。我才恍然明白李氏这时的头脑中，正纠缠于这类科场条例，并且还要拿来发落王右军罢了！

至于书法，简札和碑版，各有其体。正像同在一个碑上，碑额与碑文字体也常有分别，因为它们的作用不同。并且同属晋代碑版，也不全作《二爨》的字体。如果必方整才算银钩铁画，那么周秦金石、汉魏碑版俱不相副，因为它们还有圆转的地方。不得已，只有所谓欧体宋板书和宋体铅字，才合李氏的标准。且今西陲陆续发现汉晋简牍墨迹，其中晋人简牍，行草为多，就是真书，也与碑版异势，并且也不作《二爨》之体，越发可以证明，其用不同，体即有别。且出土简牍中，行书体格，与《兰亭》一路有极相近的，而笔法结字的美观，却多不如《兰亭》，才知道王羲之所以独出做祖的缘故，正是因为他的真、行、草书，变化多方，或刚或柔，各适其宜。简单地说，即是在当时书法中，革新美化，有开创之功而已。后来"崇古"的人，常常以"古"为"美"，认为风格质朴的高于姿态华丽的，这是偏见，已不待言。而韩愈诗说："羲之俗书趁姿媚。"虽然意在讽讥，却实在说出了真相，如果韩愈和王羲之同时，而当面说出这话，恐怕王羲之正要引为知己的。

李跋称何延之记"事如目睹"，并且特别提出它收于《太平广记》中，意谓这篇《兰亭记》是小说家言，不足为据，遂并疑《兰亭帖》为伪。不知小说即使增饰故实，和《兰亭帖》的真伪是无关的。正如同不能因为疑虬髯客、霍小玉的事情是否史实，便说唐太宗、李益并无其人。

三

世传《兰亭帖》摹本刻本，多如牛毛，大约说来，不出五类：一、唐人摹拓本。意在存真，具有复制原本的作用。二、前人临写本。出于临写，字形行款相同，而细节不求一一吻合。三、定武石刻本。四、传刻本。传刻唐摹或复刻定武，意在复制传播，非同蓄意作伪。五、伪造本。随便拼凑，妄加古人题署，或翻刻，或临拓，任意标题，源流无可据，笔法无足取，百怪千奇，指不胜屈，更无足论了！

功见闻寡陋，所见的《兰亭》尚不下百数十种，足见传本之多。现就所见的几件真定武本和唐临、唐摹本，略记梗概于后。

一、定武本

甲、柯九思本

故宫藏，曾见原卷。五字已损，纸多磨伤，字口较模糊。隔水有康里巙巙、虞集题记，后有王麟、息侯之系、公达、鲜于枢、赵孟頫、黄石翁、袁桷、邓文原、王文治诸跋。有影印本。

乙、独孤本

原装册页，经火烧存残片若干，今已流入日本。我见到西充白氏影印本。这帖五字已损，赵孟頫得于僧独孤长老的。帖存三片，字口亦较模糊。后有吴说、朱敦儒、鲜于枢、钱选跋，赵孟頫十三跋并临《兰亭》一本，又柯九思、翁方纲、成亲王、荣郡王诸家跋。册中时有小字注释藏印之文，乃黄钺所写。

丙、吴炳本

仁和许乃普氏旧藏，今已流入日本。我见到影印本。五字未损，拓墨稍重，时侵字口，还有后人涂墨的地方（如"悲也"改"悲夫"，"也"字的钩；"斯作"改"斯文"，"作"字痕迹俱涂失）。后有宋人学黄庭坚笔体的录李后主评语一段，又有王容、吴炳、危素、熊梦祥、张绅、倪瓒、王彝、张适、沈周、王文治、英和、姚元之、崇恩、吴郁生、陈景陶、褚德彝诸跋。

其他如真落水本确闻还在某藏家手中，惜不详何人何地。文明书局影印一落水本，是裴景福氏所藏，本帖、题跋、藏印，完全是假的（其他伪本极多，不再详辨。这本名气甚大，故特提出）。

二、唐临本

甲、黄绢本

高士奇、梁章钜旧藏，今已流入日本。我见到影印本。其帖绢本，"领"字上加"山"字，笔画较丰腴，有唐人风格而不甚精彩，字形不拘成式〔三〕（如"群"字叉脚之类），是临写的，非摹拓的。后有米芾跋，称为王文惠故物。首曰"右唐中书令河南公"云云，末曰"壬年八月廿六日宝晋斋舫手装"。款曰"襄阳米芾审定真迹秘玩"。再后有莫云卿、王世贞、周天球、文嘉、俞允文、徐益孙、王穉登、沈威、翁方纲、梁章钜等跋。

故宫藏宋游似所题宋拓褚临《兰亭》卷，经明晋府、清卞永誉、安岐递藏。原帖后连米跋，即是此段。但《兰亭》正文与此黄绢本不同。且"领"字并不从"山"。装潢隔水纸上有游似跋尾墨迹，云："右褚河南所摹与丙帙第三同，但工有功拙，远过前本尔。"下押"景仁"印，又有"赵氏孟林"印。可知黄绢之卷，殆后人凑配所成。不是米跋的那件原物。

乙、张金界奴［四］本

故宫藏，曾屡观原卷。《戏鸿堂》《秋碧堂》等帖曾刻之。乾隆时刻《兰亭八柱帖》，列此为第一柱。原卷白麻纸本，墨色晦暗，笔势时见钝滞的地方，大略近于定武本，细节如"群"脚叉笔等，又不尽依成式。帖尾有小字一行曰："臣张金界奴上进。"后有杨益、宋濂、董其昌、徐尚实、张弼、蒋山卿、杨明时、朱之蕃、王衡、王应侯、杨宛、陈继儒、杨嘉祚诸家跋，前有乾隆题识。董跋云："似虞永兴所临。"梁清标遂凿实题签曰："唐虞永兴临《褉帖》。"此后《石渠宝笈》著录和《八柱》刻石，直到故宫影印本，俱标称为虞临了。《翁考》云："至于颖上、张金界奴诸本，则皆后人稍知书法笔墨者，别自重摹。"其说可算精识。我颇疑它是宋人依定武本临写者。如"激"字，定武本中间从"身"，神龙本从"舅"，此本从"身"，亦与定武本同。

丙、褚临本

故宫藏，曾屡观原卷。此帖乾隆时刻入《三希堂帖》，又刻入《兰亭八柱帖》为第二柱。原卷淡黄纸本，前后隔水有旧题"褚模王羲之《兰亭帖》"一行，帖后有米芾题"永和九年暮春月"七言古诗一首。后有"天圣丙寅年正月二十五日重装"一款，乃苏耆所题，又范仲淹、王尧臣、米芾、刘泾诸家观款（以上五题共在一纸）。再后龚开、朱葵、杨载、白珽、仇几、张泽之、程嗣翁等题（以上各题共纸一段）。再后陈敬宗、卞永誉、卞岩跋。前有乾隆题识。此帖字与米诗笔法相同，纸也一律，实是米氏自临自题的。此诗载《宝晋英光集》卷三，题为"题永徽中所模《兰亭叙》"，末有"彦远记模不记褚"等句，知米芾并不认为这帖是褚临本。后人题为褚本，是并未了解米诗的意思。

《翁考》卷四云："此一卷乃三事也。其前《兰亭帖》及米元章七言诗为一事，此则米老自临《褚兰亭》，而自题诗于后。虽其帖前有苏氏印，然亦不能专据矣。此自为一事也。其中间天圣丙寅苏耆一题及范、王、米、刘四段，此五题自为一事，是乃真苏太简家《兰亭》之原跋也。至其后龚开等跋以后又为一事，则不知某家所藏《兰亭帖》之后尾也。"翁氏剖析，可称允当。他所见的是一个油素钩本，参以安岐《书画记》所记的。今谛观原卷，帖前"太简"一印，四边纸缝掀起，盖后人将原纸挖一小洞，别剪这印，衬入贴补。年久糊脱，渐致掀起。曾见古书画中常有名人收藏印甚至作者名号印都是挖嵌的，就在影印本里也可以看出。这都是古董家作伪伎俩。至于《兰亭帖》中"怏然"作"快（快慢之"快"）然"，米诗中"昭陵"作"昭凌"（从两点水旁），都分明是误字[五]，或者是米迹的重摹本。

其他宋代摹刻唐人临摹（或称褚临、褚摹）的《兰亭帖》，也有时见到善本，但流传未广，不再记述。至于明清汇帖中摹刻《兰亭》的更多，也不复——详论。颍上本名虽较高，实亦唐临本中粗率一路的，《翁考》中已先论及了。

三、唐摹本

所谓摹拓的，是以传真为目的。必要点画位置、笔法使转以及墨色浓淡、破锋贼毫，一一具备，像唐摹《万岁通天帖》那样，才算精工。今存《兰亭帖》唐摹诸本中，只有神龙半印本足以当得起。

神龙本，故宫藏，曾屡观原卷。白麻纸本，前隔水有旧题"唐模《兰亭》"四字，郭天锡跋说这帖定是冯承素等所摹，项元汴便凿实以为冯临，《石渠宝笈》、《三希堂帖》、《兰亭八柱帖》第三柱，俱相沿称为冯临。帖的前后纸边处各有"神龙"二字小印之半。又有"副驸书府"印（这是南宋末驸马杨镇的藏印）。后有许将至石苍舒等观款八段；再后永阳清叟、赵孟頫题；郭天锡跋赞；鲜于枢题诗；邓文原、吴炳、王守诚、李廷相、文嘉、项元汴跋。前有乾隆题识。

这帖的笔法秾纤得体，流美甜润，迥非其他诸本所能及。破锋和剥落的痕迹，俱忠实地摹出。有破锋的是："岁""群""毕""觞""静""同""然""不""矣""死"各字；有剥痕成断笔的是："足"、"仰"（此字并有针孔形）、"游"、"可"、"兴"、"揽"各字；有贼毫的是"暂"字；而"每揽"的"每"字中间一横画，与前各字同用重墨，再用淡墨写其余各笔。原来原迹为"一揽昔人兴感之由，若合一契"，后改"一揽"为"每揽"。这是从来讲《兰亭帖》的人都没有见到的。

并且这"每"字在行中距其上的"哉"及其下的"揽"字，俱甚逼仄，这是因为原为"一"字，其空间自窄。定武本则上下从容，不见逼仄的现象。可知定武不但加了直栏，即行中各字距离亦俱调整匀净了。若非见唐摹善本，此秘何从得见！（影印本墨色俱重，改迹已不能见）唯怀仁《圣教序》中"閒"字、"迹"字，俱集自《兰亭》，而俱有破锋，神龙本中却没有，可知神龙本也还不是毫无遗漏的。

这一卷的行款，前四行间隔颇疏，中幅稍匀，末五行最密，但是帖尾本来并非没有余纸，可知不是因为摹写所用的纸短，而是王羲之的原稿纸短，近边处表现了挤写的形状。又摹纸二幅，也是至"欣"字合缝，这可见不但笔法存原形，并且行式也保存了起草的常态。若定武本界画条格，四平八稳，则这种情状，不复能见了。至于茧纸原迹的样子，今已不可得见，摹拓本哪个最为得真，也无从比较，但是从摹本的忠实程度方面来看，神龙本既然这样精密，可知它距离原本当不甚远。郭天锡以为定是于《兰亭》真迹上双钩所摹，实不是架空之谈，情理俱在，真是有目共睹的。自世人以定武本为《兰亭》标准的观念既成之后，凡定武所未能传出的笔法细节，都以为是褚临失真所致。今观"每"字的改笔，即属定武本所无，而不能说是褚临所改的，那些成见，可以不攻自破了。

这一卷明代藏于乌镇王济家，四明丰坊从王家钩摹，使章正甫刻石于乌镇，见文嘉跋中（卷中有"吴兴"及"王济赏鉴过物"诸印）。其石后归四明天一阁，近代尚存，拓本流传甚多，当是丰氏携归故乡的。摹刻很精，但附加了"贞观""开元""褚氏""米芾"等许多古印，行式又调剂停匀，俱是美中不足。《翁考》纠缠于《兰亭》流传及太平公主借拓诸问题，至以翻本《星凤楼》帖所刻无印章的神龙本为正，都是由于丰氏这一刻本装点伪印所误。今见原卷，丰氏的秘密才被揭穿（翁方纲之说又见《涉闻梓旧》所刻《苏斋题跋》卷下，他说翻本《星凤楼》帖的无印神龙本圆润在范氏石本之上，这是因翻本笔锋已秃，遂似圆润，比观自可见）。这卷由王氏归项元汴家，项氏之子德弘曾刻石，见朱彝尊跋（《曝书亭集》卷四十六）。未见拓本。

文嘉跋中，更推重荆溪吴氏所藏唐摹本，其帖有苏易简题"有若像夫子"一诗，并宋人诸跋，清初吴升尚见到，载在

《大观录》。是明清尚存，并且确知是一个善本，可与神龙本并论的。不知原帖今天是否尚在人间？倘得汇合而比校，则《兰亭帖》的问题或者可以没有余蕴了。

【注释】

〔一〕关于借拓之说，《唐会要》卷三十五："《兰亭》一本，相传云将入昭陵。又一本长安神龙之际，太平安乐公主奏借出入（外）拓写，因此遂失所在。"宋董逌《广川书跋》卷六云："《兰亭序》在唐贞观中旧有二本，其一入昭陵，其一当神龙中，太平公主借出拓摹，遂亡。"按太平公主借拓的事，见韦述所记，《会要》及董逌所谓又一本的，大概是另一个摹本，或是由于误读韦述的话。《法书要录》卷四载唐韦述《叙书录》云："自太宗贞观中，搜访王右军等真迹……凡得真行二百九十纸，装为七十卷，草书二千纸，装为八十卷……其后《兰亭》一时相传云将入昭陵玄宫。长安神龙之际，太平安乐公主奏借出外拓写《乐毅论》，因此遂失所在。"盖真行七十卷，草书八十卷，是总述全数。其后拈出二种：一时相传将入昭陵的，是《兰亭帖》；奏借出外拓写而失的，是《乐毅论》。俱因其亡佚而特加记述的。

〔二〕汪中藏的定武本实是宋人翻刻的。有文明书局影印本。

〔三〕定武成式中尚有"崇"字"山"下三点一事，按各摹临本"崇"字"山"下只有一横，并无一本作三点的，可知定武"山"下的左二点俱是泐痕。

〔四〕张金界奴，宛平人，张九思之子。元文宗建奎章阁时任为都主管工事，又曾任提调织染杂造人匠，其父子事迹见虞集所撰神道碑。金界奴即如僧家奴之类。王芑孙《题秋碧堂兰亭》曾为详考，见《惕甫未定稿》卷二十五。

〔五〕"快然自足"的"快"字，《晋书·王羲之传》已作快慢的"快"，但帖本无论墨迹或石刻，俱作从中央之"央"的"怏"，知《晋书》是传写或版本有误的。

四

唐摹《万岁通天帖》考

王羲之的书法，无论古今哪家哪派的评价如何，它在历史上的地位和影响，总是客观存在的。又无论是从什么角度研究，是学习参考，还是分析比较，那些现存书迹总是直接材料。

世传王羲之的书迹有两类：一是木版或石刻的碑帖；一是唐代蜡纸钩摹的墨迹本。至于他直接手写的原迹，在北宋时只有几件，如米芾曾收的《王略帖》等，后来都亡佚不传，只剩石刻拓本。

木版或石刻的碑帖，从钩摹开始，中间经过上石、刊刻、捶拓、装裱种种工序，原貌自然打了若干折扣，不足十分凭信。于是，直接从原迹上钩摹下来的影子，即所谓"双钩廓填本"或"摹拓本"，就成为最可相信的依据了。这类摹拓本当然历代都可制作，总以唐代硬黄蜡纸所摹为最精。它们是从原迹直接钩出，称得起是第一手材料。字迹丰神，也与辗转翻摹的不同。只要广泛地比较，有经验的人一见便知。因为唐摹的纸质、钩法都与后代不同。

这种唐摹本在宋代已被重视，米芾诗说"媪来鹅去已千年，莫怪痴儿收蜡纸"。可见当时已有人把钩摹的蜡纸本当作王羲之的真迹，所以米芾讥他们是"痴儿"。到了今天，唐摹本更为稀少，被人重视的程度，自然远过宋人，便与真迹同等了。现存的摹本中，可信为唐摹的，至多不过九件。

一 现存唐摹王羲之帖概观

现存唐摹王羲之帖，在三十年前所见，计有：一、《快雪时晴帖》，二、《奉橘》等三帖①一卷（俱在台湾），三、《丧乱》等三帖②一卷，四、《孔侍中》等二帖一卷（俱在日本），以上俱带名款；还有五、《游目帖》（在日本），虽不带名款，但见于十七帖中。

近三十余年中发现的重要唐摹本首推六、《姨母》等帖一卷（在辽宁），七、《寒切帖》（在天津），以上俱带名款，还有八、《远宦帖》（在台湾），虽不带名款，但见于《淳化阁帖》，九、《行穰帖》（在美国），无名款。

以上各帖，除《游目》闻已毁于战火，《寒切》墨色损伤

---

① 《奉橘帖》与《何如帖》《平安帖》连为一纸。——编者注
② 《丧乱帖》与《二谢帖》《得示帖》连为一纸。——编者注

太甚，《快雪》纸色过暗外，其余无不精彩逼人。有疑问的，这里都不涉及。

在三十余年前，论唐摹本，都推《丧乱》和《孔侍中》，因为这二件纸上都有"延历敕定"的印迹。延历是日本桓武帝的年号，其元年为公元七八二年。日本学者考订这二件是《东大寺献物帐》中著录的。按《献物帐》是日本圣武帝卒后皇后将遗物供佛的账目，圣武卒于公元七二九年，那么传到日本时至少在七二九年以后，摹拓自更在后，证据比较有力。自从三十余年前《姨母》等帖出现后，所存唐摹王羲之帖的局面为之一变。

二 《姨母》等帖

唐摹王羲之帖，不论是现存的或已佚的，能确证为唐代所摹的已然不易得；如可证在唐代谁原藏，谁摹拓，何年何月，一一可考的，除了这《姨母》等帖一卷外，恐怕是绝无的了。

所说《姨母》等帖，是唐代钩摹的一组王氏家族的字迹。现存这一卷，是那一组中的一部分。这卷开头是王羲之的《姨母》《初月》二帖，以下还有六人八帖。卷尾有万岁通天二年王方庆进呈原迹的衔名。在唐代称这全组为《宝章集》，宋代岳珂《宝真斋法书赞》卷七著录，称这残存的七人十帖连尾款的一卷为《万岁通天帖》，比较恰当，本文以下也沿用此称。

先从文献中看唐代这一组法书的摹拓经过：唐张彦远《法书要录》卷六载窦臮《述书赋》并其弟窦蒙的注，赋的下卷里说：

> 武后君临，旧翰时钦。顺天经而永保先业，从人欲而不顾兼金。

窦蒙注云：

> 则天皇后，沛国武氏，士彟女。临朝称尊号，曰大周金轮皇帝。时凤阁侍郎石泉王公方庆，即晋朝丞相导十世孙。有累代祖父书迹，保传于家，凡二十八人，缉为一十一卷。后墨制问方庆，方庆因而献焉。后不欲夺志，遂尽模写留内，其本加宝饰锦缋，归还王氏，人到于今称之。右史崔融撰《王氏宝章集叙》，具纪其事。

《法书要录》卷四载失名《唐朝叙书录》，亦述此事而较略。末云：

> 神功元年五月，上谓凤阁侍郎王方庆曰……献之以下二十八人书共十卷，仍令中书舍人崔融为《宝章集》以叙其事。复以集赐方庆，当时举朝以为荣也。

五代时刘昫领修的《旧唐书》卷八十九《王方庆传》说：

> 　　则天以方庆家多书籍，尝访求右军遗迹。方庆奏曰："臣十代从伯祖羲之书先有四十余纸，贞观十二年大宗购求，先臣并以进之，唯有一卷现今存。又进臣十一代祖导、十代祖洽、九代祖珣、八代祖昙首、七代祖僧绰、六代祖仲宝、五代祖骞、高祖规、曾祖褒，并九代三从伯祖晋中书令献之已下二十八人书，共十卷。"则天御武成殿示群臣，仍令中书舍人崔融为《宝章集》以叙其事，复赐方庆，当时甚以为荣。

按以上三条记载，"神功元年"当然不确，因为现存卷尾分明是万岁通天二年；人数不同，有计算或行文不周密的可能；卷数不同，有传抄传刻之误的可能，都无关紧要。只有"赐还王氏是原迹还是摹本"这个问题，窦蒙说的最清楚，是"遂尽模写留内"。岳珂跋赞也依窦蒙的说法。或问这"赐还""留内"的问题，"干卿底事"？回答是：摹拓本若是"留内"的，则拓法必更精工，效果必更真实，我们便可信赖了。

三　《万岁通天帖》的现存情况

王方庆当时进呈家藏各帖，据《旧唐书》所说有三组：

義之为一卷，是一组；

导至褒九人为一组，分几卷不详；

献之以下二十八人为一组，分几卷不详。

至于摹拓本是否拆散原组重排的，已无从查考。但看命名《宝章集》，又令崔融作叙的情况，应是有一番整理的。

现存这一卷，为清代御府旧藏，今在辽宁省博物馆。所剩如下的人和帖：

義之：《姨母》《初月》

荟：《席肿》《翁尊体》

徽之：《新月》

献之：《廿九日》

僧虔：《在职》

慈：《柏酒》《汝比》

志：《喉痛》

（今装次序如此，与《宝真斋法书赞》《真赏斋帖》微异。）共七人十帖。原有人数，按《旧唐书》所记，三组应是三十九人，今卷所存仅五分之一强；如按窦蒙所说"凡二十八人"，则今卷也仅存四分之一。帖数也不难推想，比原有的必然少很多，今存这卷内有北宋时"史馆新铸之印"，又曾刻入《秘阁续帖》。《续帖》今已无传，清末沈曾植曾见张少原藏残本，中有此卷，见《寐叟题跋》，所记并无溢出的人和帖。

到南宋时在岳珂家，著录于《宝真斋法书赞》卷七。缺了荟、志二人的衔名和《席肿》《喉痛》二帖文。《法书赞》是从《永乐大典》中辑出的，可能是《大典》抄失或四库馆辑录时抄失。今卷中二人衔名及二帖俱存，可知岳氏时未失。《法书赞》中已缺僧虔衔名，岳氏自注据《秘阁续帖》补出，是"齐司空简穆公"僧虔。又《翁尊体》一帖，列在《汝比》帖后，是王慈的第三帖。《真赏斋帖》列于王僧虔后、王慈之前，成了失名的一人一帖。今卷次序，与《三希堂帖》同，成为王荟的第二帖。细看今卷下边处常有朱笔标写数目字，《翁尊体》一纸有"六"字，《汝比》一纸有"七"字，其他纸边数码次序多不可理解。可见这七人十帖，以前不知装裱多少次，颠倒多少次。以书法风格看，确与王慈接近，岳珂所记，是比较合理的。

又原卷岳氏跋后赞中纸烂掉一字，据《法书赞》所载，乃是"玉"字。

还有窦臮的"臮"字，本是上半"自"字，下半横列三个"人"字，另一写法，即是"洎"字。岳氏跋中误为"泉"字，从"白"从"水"。清代翁方纲有文谈到岳氏跋赞都是书写代抄上的，所以其中有误字，这个推论是可信的。今存岳氏书迹，还有一个札子（在故宫），只有签名一"珂"字是亲笔，可见他是勤于撰文而懒于写字的。

清初朱彝尊曾见这卷，说有四跋，为岳珂、张雨、王鏊、文征明（见《曝书亭集》卷五十三《书万岁通天帖旧事》，下引朱氏文同此）。今王跋已失，当是入乾隆内府时撤去的。乾隆刻帖以后，这卷经过火烧，下端略有缺笔处。

四 《万岁通天帖》在历史文物和书法艺术上的价值

《万岁通天帖》虽是有本有源有根有据的一件古法书的真面貌，但在流传过程中却一再受到轻视。明代项元汴是一个"富而好古"的商人，其家开有当铺。一般当铺只当珍宝，他家当铺却并当书画。于是项氏除了收买书画外，还有当来的书画。他虽好收藏书画，却并没有眼力，也常得到假造的、错误的。所谓错误，即是张冠李戴，认甲成乙。举例如元末杨遵，也号"海岳庵主"，与宋代米芾相重。有人把杨的字冒充米的字，他也信以为真。他还常把得到的"价浮"书画让他哥哥项笃寿收买。所谓"价浮"，即是认为不值那些钱的。这卷即是项元汴认为"价浮"的，所以归了项笃寿。事见朱彝尊文。按这卷煊赫法书，可谓无价之宝，而项元汴竟认为不值，足见他并无真识，这是此卷受屈之一；又乾隆时刻《三希堂帖》，以《快雪时晴帖》为尊，信为真迹，而此卷则列于"唐摹"类中，这是受屈之二。

推论原因，无论明人清人何以不重视它，不外乎看到它明明白白写出是"钩摹"本，而杨遵被明人信为米芾，《快雪帖》被清人信为真迹，都因上无"充"字、"摹"字，所以"居之不疑"，也就"积非成是"了。可笑的是那么厉害的武则天，也会错说出一句"是摹本"的真话，竟使她大费心思制成的一件瑰宝，在千年之后，两次遇到"信假不信真"的人。

《万岁通天帖》的可贵处，我以为有三点值得特别提出：

一、古代没有影印技术时，只凭蜡纸钩摹，同是钩摹，又有精粗之别。有的原帖有残缺，或原纸昏暗处，又给钩摹造成困难，容易发生失误。即如《快雪帖》中"羲"字，笔画攒聚重叠，不易看出行笔的踪迹。当然可能是书写时过于迅速，但更可能是出于钩摹不善。《丧乱》《孔侍中》二卷钩摹较精，连原迹纸上小小的破损处都用细线钩出，可说是很够忠实的了。但也不是没有失误处。其中"迟承"的"承"字，最上一小横笔处断开，看去很像个"咏"字，原因是那小横笔中间可能原纸有缺损处，遂摹成两笔。"迟承"在晋帖中有讲，"迟咏"便没讲了。至于《万岁通天帖》不但没有误摹之笔，即原迹纸边破损处，也都钩出，这在《初月帖》中最为明显，如此忠实，更增加了我们对这个摹本的信赖之心。所以朱彝尊说它"钩法精妙，锋神毕备，而用墨浓淡，不露纤痕，正如一笔独写"，确是丝毫都不夸张的。

又王献之帖中"奉别怅恨"四字处，"别怅"二字原迹损缺一半，这卷里如实描出。在《淳化阁帖》中，也有此帖，就把这两个残字删去，并把"奉""恨"二字接连起来。古代行文习惯，奉字是对人的敬语，如"奉贺""奉赠"之类，都是常见的，"奉别"即是"敬与足下辞别"的意思。一切对人不敬不利的话不能用它。假如说"奉打""奉欺"，便成了笑谈。"恨"上不能用"奉"，也是非常明白的。大家都说《阁帖》文辞难读，原因在于古代语言太简，其实这样脱字落字的句子，又怎能使人读懂呢？《阁帖》中这类被删节的句子，又谁知共有多少呢？

二、古代讲书法源流，无不溯至钟、张、二王，以及南朝诸家。他们确实影响了唐宋诸家、诸派。碑刻大量出土之后，虽然有不少人想否定前边的说法，出现什么"南北书派论"啦，"尊碑卑唐"说啦，"碑学""帖学"说啦，见仁见智，这里不加详论。只是南朝书家在古代曾被重视，曾有影响，则是历史事实。近百余年来所论的"南帖"的根据只不过是《淳化阁帖》，《阁帖》千翻百摹，早已不成样子。批评《阁帖》因而牵连到轻视南朝和唐代书家作品的人，从阮元到叶昌炽、康有为，肯定都没见过这卷一类的精摹墨迹。

从书法艺术论，不但这卷中王羲之二帖精彩绝伦，即其余各家各帖，也都相当重要。像徽之、献之、僧虔三帖，几乎都是真书。唐张怀瓘《书估》（《法书要录》卷四）说："因取世人易解，遂以王羲之为标准。如大王草书，字直一百，五字（按此"字"字疑是"行"字之误）乃敌行书一行，三行行书敌一行真书。"可见真书之难得，这二家二帖之可贵。

自晋以下，南朝书风的衔接延续，在王氏门中，更可看出承传的紧密。在这卷中，王荟、王慈、王志的行草，纵横挥洒,《世说新语》中所记王谢名流那些倜傥不群的风度,不啻一一跃然纸上。尤其徽、献、僧虔的真书和那"范武骑"真书三字若用刻碑的刀法加工一次,便与北碑无其分别。因此可以推想,一些著名工整的北朝碑铭墓志,在未刻之前,是个什么情况。尖笔蜡纸加细钩摹的第一手材料,必然比刀刻、墨拓的间接材料要近真得多。

又《快雪帖》偏左下方有"山阴张侯"四字,观者每生疑问。我认为这是对收信人的称呼,如今天信封外写某处某人收一样。古人用素纸卷写信,纸面朝外,随写从右端随卷,卷时仍是字面朝外。写完了,后边留一段余纸裹在外层,题写收信人,因常是托熟人携带,所以不一定写得像今天那么详细。这种写法,一直沿续到明代文征明还留有实物。只是收信人的姓氏为什么在外封上写得那么偏靠下端,以前我总以为《快雪帖》是摹者用四字填纸空处,今见"范武骑"三字也是封题,也较靠下,原封的样子虽仍未见,但可推知这是当时的一种习惯。

三、明代嘉靖时人华夏把这卷刻入《真赏斋帖》,因为刻得精工,当时人几乎和唐摹本同样看待。许多人从这种精刻本上揣摩六朝人的笔法。《真赏》原刻经火焚烧,又重刻了一次,遂有火前本、火后本之说。文氏《停云馆帖》里也刻了一次,王氏《郁冈斋帖》所收即是得到火后本的原石,编入了他的丛帖。到了清代《三希堂帖》失真愈多,不足并论了。

清初书家王澍,对法帖极有研究,著《淳化阁帖考证》。

在卷六"袁生帖"条说：

> 华中甫刻《真赏斋帖》模技精良，出《淳化》上。按
> 此帖真迹今在华亭王俨斋大司农家，尝从借观，与《真赏
> 帖》所刻不殊毛发，信《真赏》为有明第一佳刻也。

他这话是从《袁生》一帖推论到《真赏》全帖，评价可算极
高，而《真赏》刻手章简甫技艺之精，也由此可见。但今天拿
火前初刻的拓本和唐摹原卷细校，仍不免有一些失真处，这是
笔和刀，蜡纸和木版（火前本是本版、火后本是石版），钩描
和捶拓各方面条件不同所致，并不足怪。

现在所存王羲之帖，已寥寥可数，而其他名家如王献之
以下，更几乎一无所存（旧题为王献之的和未必确出唐摹的不
论）。近代敦煌、吐鲁番各处出土的古代文书不少，有许多书写
的时代可与羲献相当。如"李柏文书"仅比《兰亭序》早几年，
可作比较印证，但究竟不是直接的证物。南朝石刻墓志近年也
出土不少，则又不是墨迹，和这卷南朝人书迹真影，还有一段
距离。我们今天竟得直接看到这七人十帖，把玩追摹，想到唐
太宗得到《兰亭序》时的欣喜，大概也不过如此；而原色精
印，更远胜过蜡纸钩摹，则鉴赏之福，又足以傲视武则天了！

一九八八年五月二十日

五

旧题张旭草书古诗帖辨

　　法书名画，既具有史料价值，更具有艺术价值。由于受人喜爱，可供玩赏，被列入"古玩"项目，又成了"可居"的"奇货"。在旧社会中，上自帝王，下至商估，为它都曾巧取豪夺，弄虚作假。于是出现过许多离奇可笑的情节，卑鄙可耻的行径。

　　即以伪造古名家书画一事而言，已经是千变万化，谲诈多端。这里只举一件古代法书的公案谈谈，前人作伪，后人造谣，真可谓"匪夷所思"了！

　　有一个古代狂草体字卷，是在五色笺纸上写的。五色笺纸，每幅大约平均一尺余，各染红、黄、蓝、绿等等不同的颜色，当然也有白色的。所见到的，早自唐朝，近至清朝的"高丽笺"，都有这类制法的。这个卷子即是用几幅这种各色纸接连而成的。写的是庾信的诗二首和谢灵运的赞二首。原来还有唐人绝句二首，今已不存。也不晓得原来全卷共用了多少幅

166

纸，共写了多少首诗，也没保留下写者的姓名。

卷中用的字体是"狂草"，十分纠绕，猛然看去，有的字几乎不能辨识，纸色又每幅互不相同，作伪的人就钻了这个空子。

为了便于说明，这里将现存的四幅按本文的顺序和写本的行款，分幅录在下边，并加上标点：

第一幅：东明九芝盖，北

　　　　烛五云车。飘

　　　　飘入倒景，出没

　　　　上烟霞。春泉

　　　　下玉霤，青鸟向金

　　　　华。汉帝看

　　　　桃核，齐侯

第二幅：问棘（枣）花。应逐

　　　　上元酒，同来

　　　　访蔡家。

　　　　北阙临丹水，

　　　南宫生绛云。

　　　龙泥印玉荣（策），

　　　大火炼真文。

　　　上元风雨散，

　　　中天哥（歌）吹分。

虚驾千寻上，

空香万里闻。

谢灵运王

第三幅：子晋赞

淑质非不丽，

难之以百年。

储宫非不贵，

岂若上登天。

王子复清旷，

区中实哗（此字误衍）

𧮫（嚣）喧。既见浮

丘公，与尔

共纷繙（翻）。

第四幅：岩下一老公

四五少年赞

衡山采药人，

路迷粮亦绝。

过息岩下坐，

正见相对说。

一老四五少，

仙隐不别

可（可、别二字误倒）。其书非

世教，其人

必贤哲。

作伪者把上边所录的那第二幅中末一个"王"字改成
"书"字。他的办法是把"王"字的第一小横挖掉，于是上边
只剩了竖笔，与上文"运"字末笔斜对，便像个草写的"书"
字。恰巧这一行是一篇的题目，写得略低一些，更像是一行写
者的名款。再把这一幅放在卷末，便成了一卷有"谢灵运书"
四字款识的真迹了。

这个"王"字为止的卷子，宋代曾经刻石，明代项元汴跋
中说：

> 余又尝见宋嘉祐年不全拓墨本，亦以为临川内史谢康
> 乐所书。

卷中项跋已失，汪珂玉《珊瑚网》卷一曾录有全文。又丰坊在
跋中也说：

> 右草书诗赞，有宣和钤缝诸印……世有石本，末云
> "谢灵运书"。《书谱》〔一〕所载"古诗帖"是也……石刻
> 自"子晋赞"后阙十九行，仅于"谢灵运王"而止，却读
> "王"为"书"字，又伪作沈传师跋于后。

按现在全文的顺序，"王"字以后还有二十一行，不是十九行，这未必是丰坊计算错误，据项元汴说：

> 可惜装背错序，细寻绎之，方能成章。

那么丰坊所说的行数，是根据怎样的裱本，已无从查考。只知道现在的这一卷，比北宋石刻本多出若干行。它是怎样分合的？王世贞在《弇州山人四部稿》卷一五四《艺苑卮言》中说：

> 陕西刻谢灵运书，非也，乃中载谢灵运诗耳。内尚有唐人两绝句，亦非全文。真迹在荡口华氏，凡四十年购古迹而始全，以为延津之合。属丰道生鉴定，谓为贺知章，无的据。然遒俊之甚，上可以拟知章，下亦不失周越也。

华夏字中甫，号东沙子，是当时有名的"收藏家"，丰坊字道生，号人叔，又称人翁，是当时著名的文人，做过南京吏部考功主事，精于鉴别书画，华家许多古书画，都是经过他评定的。从王世贞的话里可以明白，全卷在北宋时拆散，一部分冒充了谢灵运，其余部分零碎流传。华夏费了四十年的工夫，才算凑全，但那两首残缺的唐人绝句，华夏仍然没有买到。不难理解，华夏购买时，仍是谢灵运的名义，买到后丰坊为他鉴定，才提出怀疑的。卖给华夏的人，如果露出那二首唐人绝

句，便无法再充谢书，所以始终没有再出现。华夏购得后，王
世贞未必再见。至于是否王世贞误认庾谢诸诗为唐人句呢？按
卷中现存四首诗，第一首十句，其他三首各八句，并无绝句。
又都是全文，并无残缺。王世贞的知识那样广博，也不会把六
朝人的一些十句和八句的诗误认为唐人绝句。根据这些理由，
可以断定是失去了两首残缺的唐人绝句。

这卷草书在北宋刻石之后，曾经宋徽宗赵佶收藏，《宣和
书谱》卷十六说：

> 谢灵运，陈郡阳夏人……今御府所藏草书一：《古
> 诗帖》。

从现存的四幅纸上看，宋徽宗的双龙园印的左半在"东明"一
行的右纸边，知为宣和原装的第一幅。"政和""宣和"二印的
右半在"共纷繙"一行的左纸边，知为宣和原装的末一幅。可
见宣和时所装的一卷已不是以"王"字收尾的了。这可能是宣
和有续收的，也可能宣和装裱时次序还没有调整。总之，自北
宋嘉祐到明代嘉靖时，都被认为是谢灵运的字迹。

以上是作伪、搞乱、冒充的情况。

下面谈董其昌的鉴定问题。

在这卷中首先看出破绽的是丰坊，他发现了卷中四首诗的
来源，他说：

按徐坚《初学记》载二诗二赞，与此卷正合。

又说：

考南北二史，灵运以晋孝武太元十三年生，宋文帝元嘉十年卒。庾信则生于梁武之世，而卒于隋文开皇之初，其距灵运之没，将八十年，岂有谢乃豫写庾诗之理。

当时又有人疑是唐太宗李世民写的，丰坊说：

或疑唐太宗书，亦非也。按徐坚《初学记》……则开元中坚暨韦述等奉诏纂述，其去贞观，又将百年，岂有文皇豫录记中语乎？

这已足够雄辩的了。他还和《初学记》校了异文，只是没谈到"玄水"写作"丹水"的问题而已。

古代诗文书画失名的很多，世人偏好勉强寻求姓名，常常造成凭空臆测。丰坊在这方面也未能例外，他说：

唐人如欧、孙、旭、素，皆不类此，唯贺知章《千文》《孝经》及《敬和》《上日》等帖，气势仿佛。知章以草得名……弃官入道，在天宝二年，是时《初学记》

已行，疑其雅好神仙，目其书而辄录之也。又周公谨
《云烟过眼集》[二]载赵兰坡与勤所藏有知章《古诗帖》，
岂即是欤？

他例举欧阳询、孙过庭、张旭、怀素的书法与此卷相较，
最后只觉得贺知章最有可能，恰巧周密的《云烟过眼录》中曾
记得有贺知章的《古诗帖》，使他揣测的理由又多了一点。但
他的态度不失为存疑的，口气不失为商量的。但"好事家"的
收藏目的，并不是为科学研究，而是要标奇炫富。尤其贵远贱
近，宁可要古而伪，不肯要近而真。丰坊的揣测，当然不合那
个富翁华夏的意图，藏家于是提出并不存在的证据，使得丰坊
随即收回了自己的意见，说：

> 然东沙子谓卷有神龙等印甚多，今皆刮灭……抑东沙
> 子以唐初诸印证之，而卷后亦无兰坡、草窗等题识，则余
> 又未敢必其为贺书矣。俟博雅者定之。

这些话虽是为搪塞华夏而说的，但他并没有翻回头来肯定
谢书之说。丰坊这篇跋尾自己写了一通，后又有学文征明字
体的人用小楷重录一通，略有删节，末尾题"鄞丰道生撰并
书"。这卷后来归了项元汴，元汴死后传到他的儿子项玄度手
里，又请董其昌题，董其昌首先说：

唐张长史书庾开府步虚词，谢客〔三〕、王子晋、衡山老人赞，有悬崖坠石急雨旋风之势，与其所书《烟条诗》《宛谿诗》同一笔法。颜尚书、藏真〔四〕皆师之，真名迹也。

这段劈空而来，就认为是张旭所写，随后才举出《烟条》《宛谿》二帖的笔法相同。但二帖今已失传，从记载上知道，并无名款，前人也只是看笔法像张旭而已。董其昌又说：

自宋以来，皆命之谢客……丰考功、文待诏皆墨池董狐，亦相承袭。

后边在这问题上他又说：

丰人翁乃不深考，而以《宣和书谱》为证。

这真是瞪着眼睛说瞎话！丰坊的跋，两通俱在，哪里有他举的这样情形呢？又文征明为华夏画《真赏斋图》、写《真赏斋赋》和跋《万岁通天帖》时，都已是八十多岁了，书法风格与这段抄写丰跋的秀嫩一类不同。即使是文征明的亲笔，他不过是替丰坊抄写，并非他自己写鉴定意见，与"承袭"谢书之说的事无关。董其昌又说：

顾《庾集》自非僻书，谢客能预书庾诗耶？

他只举《庾开府集》，如果不是为泯灭丰坊发现四诗见于《初学记》的功劳，便是他以为《初学记》是僻书了。他还为名款问题掩饰说：

或疑卷尾无长史名款，然唐人书如欧、虞、褚、陆，自碑帖外，都无名款，今《汝南志》《梦奠帖》等，历历可验。世人收北宋画，政不需名款乃别识也。

按欧阳询、虞世南、褚遂良都有写的碑刻流传，陆柬之就没有碑刻流传下来。陆写的帖，《淳化阁帖》中所刻的和传称陆写的《文斌》《兰亭诗》，也都无款。"自碑帖外"这四字所指的人，并不能包括陆柬之。他还不敢提出《烟条》二帖为什么便是衡量张旭真迹的标准，而另以其他无款的字画解释，实因这二帖也是仅仅从风格上被判断为张书的。他这样来讲，便连二帖也遮盖过去了。

董其昌又说：

夫四声始于沈约，狂草始于伯高，谢客皆未有之。

"始于"不等于"便是"，文字始于仓颉，但不能说凡是字迹都是仓颉写的。沈约撰《宋书》，特别在《谢灵运传》后发了一通议论，大讲浮声切响。可见谢灵运在声调上实是沈约的先导。这篇传后的论，也被萧统选入《文选》，董其昌即使没读过《宋书》，何至连《文选》也没读过？不难理解，他忙于要诬蔑丰坊，急不择言，便连比《庾开府集》更常见、更非僻书的《文选》也忘记了。

董其昌后来在他摹刻出版的《戏鸿堂帖》卷七中刻了这卷草书，后边自跋，再加自我吹嘘说：

> 项玄度出示谢客真迹，余乍展卷即定为张旭。卷末有丰考功跋，持谢书甚坚。余谓玄度曰：四声定于沈约，狂草始于伯高[五]，谢客时都无是也。且东明二诗乃庾开府《步虚词》，谢客安得预书之乎？玄度曰：此陶弘景所谓元常老骨再蒙荣造者矣。遂为改跋，文繁不具载。

这是节录卷中的跋，又加上项玄度当面捧场的话，以自增重。跋在原卷后，由于收藏家多半秘不示人，见到的人还不多。即使一见，也不容易比较两人的跋语而看出问题。刻在帖上，更由得他随意捏造，观者也无从印证。

宋朝作伪的人，研究"王"字可当"书"字用，究竟还费了许多心；挖去小横，改成草写的"书"字，究竟还费了许多力。在宋代受骗的不过是一个皇帝赵佶，在明代受骗的不过是一个富翁华夏。至于董其昌则不然，不费任何心力，摇笔一题．便能抹杀眼前的事实，欺骗当时和后世亿万的读者。董其昌在书画上曾有他一定的见识，原是不可否认的。但在这卷的问题上，却未免过于卑劣了吧！

有人问，这桩辗转欺骗的公案既已判明，还有这卷字迹本身究竟是什么时候人所写的？算不算张旭真迹？我的回答如下：按古代排列五行方位和颜色，是东方甲乙木，青色；南方丙丁火，赤色；西方庚辛金，白色；北方壬癸水，黑色；中央戊己土，黄色。庾信原句"北阙临玄水，南宫生绛云"，玄即是黑，绛即是红，北方黑水，南方红云，一一相对。宋真宗自称梦见他的始祖名叫"玄朗"，命令天下讳这两字，凡"玄"改为"元"或"真"，"朗"改为"明"，或缺其点画。这事发表在大中祥符五年十月戊午（见宋李攸《宋朝事实》卷七）。所见宋人临文所写，除了按照规定改写之外也有改写其他字的，如绍兴御书院所写《千字文》，改"朗曜"为"晃曜"，即其一例。这里"玄水"写作"丹水"，分明是由于避改，也就不管方位颜色以及南北同红的重复。那么这卷的书写时间，下限不会超过宣和入藏、《宣和书谱》编订的时间；而上限则不会超过大中祥符五年十月戊午。

这卷原本，今藏辽宁省博物馆，已有各种精印本流传于世，董其昌从今也难将一人手，掩尽天下目了！

【注释】

〔一〕《书谱》指《宣和书谱》。

〔二〕"集"是"录"的误字。

〔三〕"客"是谢灵运的小字。

〔四〕藏真，即怀素。

〔五〕伯高，即张旭。

六

孙过庭《书谱》考

唐孙过庭《书谱》，议论精辟，文章宏美，在古代艺术理论中，可称杰构。其所论，于其他艺术，亦多有相通之理，不当专以书法论视之。原稿草书，笔法流动，二王以后，自成大宗。唯作者生平，各书记录甚略，名字籍贯，更多纷歧。其《书谱》卷数之存佚分合，墨迹与刻本孰真孰伪，种种问题，常有聚讼。至于释文定字，亦有异同，于文义出入，所关甚大。功不揣谫陋，试加考索，兼抒管见，著为是篇。敬俟读者予以指正。

一　作者之事迹

唐窦臮《述书赋》下，窦蒙注云："孙过庭，字虔礼，富阳人。右卫胄曹参军。"唐张怀瓘《书断》下《能品》云："孙虔礼，字过庭，陈留人，官至率府录事参军。博雅有文章，草书宪章二王，工于用笔，俊拔刚断，尚异好奇。然所谓少功用，有天材。真行之书亚于草矣。尝作《运笔论》，亦得书之指趣也。与王秘监相善，王则过于迟缓，此公伤于急速，使二子宽猛相济，是为合矣。虽管夷吾失于奢，晏平仲失于俭，终为贤大夫也。过庭隶行草入能。"《四库提要》卷廿一，论及窦、张二书关于孙氏名字问题云："二人相距不远，而所记名字爵里不同，殆与《旧唐书》称房乔字玄龄，《新唐书》称房玄龄字乔，同一讹异。疑唐人多以字行，故各处所闻不能尽一。"功按：王秘监即王绍宗，字承烈，江都人。《书断》亦列之于《能品》，其名紧列过庭之前。又唐陈子昂撰有《孙君墓志铭》，虽简而可珍，录其全文如下（《陈伯玉集》卷六，《四部丛刊》影印明刻本）：

率府录事孙君墓志铭并序

呜乎！君讳虔礼，字过庭，有唐之□□人也。幼尚孝悌，不及学文；长而闻道，不及从事禄。值凶孽之灾，四十见君，遭谗慝之议。忠信实显，而代不能明；仁义实勤，而物莫之贵。埋厄贫病，契阔良时。养心恬然，不染物累。独考性命之理，庶几天人之际。将期老有所述，死且不朽。宠荣之事，于我何有哉！志竟不遂，遇暴疾卒于洛阳植业里之客舍，时年若干。

呜乎！天道岂欺也哉！而已知卒，不与其遂，能无恸乎！铭曰：

嗟嗟孙生！见尔迹，不知尔灵。天竟不遂子愿兮，今用无成。呜乎苍天，吾欲诉夫幽明！

陈子昂又有《祭孙录事文》(《陈伯玉集》卷七)，并录如下：

祭率府孙录事文

维年月日朔，某等谨以云云。古人叹息者，恨有志不遂，如吾子良图方兴，青云自致。何天道之微昧，而仁德之攸孤！忽中年而颠沛，从天运而长徂。惟君仁孝自天，忠义由己；诚不谢于昔人，实有高于烈士。然而人知信而必果。有不识于中庸，君不惭于贞纯，乃洗心于名理。无常既没，墨妙不传。君之逸翰，旷代同仙。岂图此妙未极，中道而息。怀众宝而未摅，永幽泉而掩魄。呜乎哀哉！平生知己，畴昔周旋。我之数子，君之百年。相视而笑，宛然昨日。交臂而悲，今焉已失。人代如此，天道固然。所恨君者，枉天当年。嗣子孤藐，贫窭联翩。无父何怙，有母茕焉。呜乎孙子！山涛尚在，嵇绍不孤。君其知我，无恨泉途！呜乎哀哉，尚飨！

据志铭及祭文，约略可见孙过庭出身寒微，四十始仕，遭谗失职，述作未遂，卒于洛阳，寿仅中年。其官职与《书断》同。

其死因则曰暴疾，曰枉夭，似非善终者。所惜生卒年月，未有明文。

按《宣和书谱》卷十八《孙过庭传》云："文皇尝谓：过庭小字（或作"小子"），书乱二王。盖其似真可知也。"是其曾及见太宗。再观所谓"将期老有所述，志竟不遂"，参以《书谱》卷上，是其已有撰述，但尚未完成。又云"中年"、云"枉夭"。假定撰写《书谱》卷上之后即去世，其年岁姑且从宽以六十岁计，则当生于贞观二年。此不过约略估计，以见孙氏生存大约当此一段时间而已。

或谓《书谱》自云："余志学之年，留心翰墨。"又云："极虑专精，时逾二纪。"以为撰《书谱》时，仅过三十五岁。推其生于高宗永徽三、四年间，于《宣和书谱》所称文皇之语，以为传闻之误。功按《宣和书谱》引文皇之语，固未必可凭，唯《书谱》之撰写，似非三十余岁之人所作。盖其中论列少年、老年之甘苦，如非亲有比较体味，不能鞭辟入里。且如撰谱在三十余岁，是其"有述"不待"期"诸老年。至于"二纪"之说，当指其集中精力，锐意用功之年，此"二纪"之后，至撰写《书谱》之前，固可容有相当之时间。略记于此，以俟商榷。

《书谱》末段曾慨叹知音难遇，又自解以为"岂可执冰而咎夏虫"。余初读之，以为不过文士之牢骚常谈，继观《述书赋》曰："虔礼凡草，闾阎之风，千纸一类，一字万同。如见疑于冰冷，甘没齿于夏虫。"正是针对《书谱》之言而发。或孙氏所致慨者，与窦氏一流有关，故作赋在七十年后，尚有意反唇相诬。今诵陈撰志铭，再合《书谱》之语观之，更悟孙氏必以寒微见轻，又以愤激遭嫉。窦氏指为凡草，轻为闾阎，正代表当时豪贵门第之见，则志铭虽略，亦自有其可贵之史料价值在。

至于孙氏自题"吴郡孙过庭撰"，吴郡当是郡望，过庭或是以字行。唐人习惯，常以字行，他人不察，又以其名为字。《述书赋》与《书断》所记互倒，殆由于此。至于官职里贯，窦、张、陈三书不同。但《书断》所记名字、官职等与志铭多合，则陈留之里贯，或者可据！

二　《书谱》之名称问题

《书谱》之名，不见于唐人著录。《书断》卷下称孙氏尝著《运笔论》。然观其卷末总评有云："孙过庭云：元常专工于隶书，伯英尤精于草体。彼之二美，而羲、献兼之。并有得也。"其语见于《书谱》，知张怀瓘所言之《运笔论》，即是《书谱》。

《宣和书谱·孙过庭传》云："作《运笔论》，字逾数千，妙有作字之旨，学者宗以为法，今御府所藏草书三：《书谱序》上下二；《千文》。"盖以《运笔论》与《书谱》二名互用者。

《佩文斋书画谱》卷廿六《孙过庭传》引明王鏊《姑苏志》云："过庭书至能品，尝著《书论》，妙尽其趣，即《书谱》也。"按《书论》之名更少见，不知所据为前代何人所题之别名。

孙过庭自称："撰为六篇，分成两卷。"其六篇之目，今已不传。包世臣《艺舟双楫》卷二《自跋删拟书谱》曾推测为"执使转用拟察"六目，亦仅为臆测。汪珂玉《珊瑚网》卷廿四上所节录之一段，标曰《执要篇》，乃明人妄题，不足为据。

三 《书谱》墨迹之流传

《书谱》墨迹在唐代之流传，已不可考。只见张怀瓘《书断》曾引用，日本僧空海曾传录。至宋，米芾《书史》于墨迹始有记述，其后流传，则大略可知。兹就载籍所见，罗列如下：

一、北宋时初在王巩家，转归王诜家。见米芾《书史》。

二、后入宣和御府。见《宣和书谱》。

三、元初在焦达卿家。元周密《云烟过眼录》卷上云："焦达卿敏中所藏唐孙过庭《书谱》真迹上下全。徽宗渗金御题，有政和、宣和印。"

四、经虞集手。孙承泽《庚子销夏记》卷一，记《书谱》墨迹，称所缺之若干字，"虞伯生临秘阁帖补之"。

五、明代上半卷为费鹅湖（宏）藏，下半卷为文征明藏。见文嘉《钤山堂书画记》。

六、入严嵩家，两半卷合为一轴。见《钤山堂书画记》及《天水冰山录》。

七、严氏籍没后辗转归韩世能。张丑《清河书画舫》卷三云："孙过庭《书谱》真迹亦藏韩太史家，严分宜故物也。"又张丑《南阳法书表》云："孙虔礼《书谱》，前有断缺，宣和政和小玺。"

八、清初在西川士大夫家，见孙承泽《庚子销夏记》卷一。

九、自西川士大夫家归孙承泽。见《庚子销夏记》。今卷中有孙氏藏印。

十、孙承泽藏后，归梁清标，有梁氏藏印。

十一、自梁氏归安岐，曾摹上石。安岐跋其石刻后云："丙戌岁，从真定梁相国家得此真迹。"

十二、安岐藏后，入乾隆御府。刻入《三希堂帖》。后归故宫博物院。

四　记墨迹本

今传《书谱》墨迹本，前绫隔水上端有宋徽宗瘦金书签"唐孙过庭书谱序"，接押双龙圆玺；下端押"宣""和"二字连珠玺，又一大方印不可辨。后绫隔水上端押"政和"二字长方玺，下端押"宣和"二字长方玺。本身纸上前后尚有宋印二方，文不可辨（后一似是"李氏书印"），尚有孙承泽、梁清标、安岐诸藏印及清代三朝宝玺。

本身首行标题"书谱卷上"下书"吴郡孙过庭撰"，次行正文自"夫自古之善书者"起。其后自"也乖合"至"湮讹顷见"十三行，共一百三十一字，误装于"心遽体"之下（故宫第一次影印曾移还原处）。再后"汉末伯英"以下，缺一百六十六字。再后"心不厌精"以下，缺三十字。最末题"垂拱三年写记"一行。

卷身纸本，每纸高约今市尺（每市尺相当三十三厘米又三毫米）八寸余，每纸边有朱印边栏痕迹，纸长今市尺一尺三寸。第一纸十三行，以下十六行至十八行不等。正文首行十一字，以下多者十二字，少者八字，每幅纸边常残存合缝印之边栏。"汉末伯英"以下，以字数计之，且从曹本、薛本审视字形行气，知所缺为十五行，中有夹缝添注小字十字不以行计，"心不厌精"以下，所缺为三行。大略如此。

孙承泽《庚子销夏记》卷一"孙过庭《书谱》墨迹"条云：

> 甲申忽睹此卷，惊叹欲绝，以市贾索价太昂，不能收，惜惋竟日。卷上有宋高宗、徽宗双龙玺及宣和小玺。卷中"五乖也"下少一百三十字；"汉末伯英"下少

一百六十八字，虞伯生临秘阁帖补之。后越六年，复见于西川士夫家，以予爱之特甚，乃许购得，已将虞所补并后跋割去，时一披阅，觉宋人所刻尚在影响之间，而停云馆不足言也。

按"五乖"下原缺之一段，今卷中已重补还。且此段实为一百六十六字。"汉末伯英"下实少一百六十六字。记数俱有小误。其后"心不厌精"以下原缺三行，孙氏漏记，不得因此小异而疑孙藏之非此卷也。

由于翻刻诸本流行既久，遂有疑今传墨迹本为摹本者，如有正书局石印刘铁云藏拓本题为《宋拓太清楼书谱》（实为明曹骏刻本，辨详后）。王宝莹跋，据曹本而疑安刻底本（即墨迹本）为宋人摹写者。余绍宋《书画书录解题》卷三著录《书谱》，亦谓墨迹本为摹本。按墨迹本有特点数端，试略言之。

一、宣和签题玺印完具。

二、笔锋墨彩，干湿浓淡，处处自然，毫无钩描痕迹。

三、笔法有一种异状，为临写所不能得者。即凡横斜之笔画间，常见有一顿挫处，如竹之有节。且一行中，各字之顿挫处常同在一条直线之地位，如每行各就其顿挫处画一线，以贯串之，其线甚正而且直。又各行之间，此线之距离，又颇停匀。且此线之一侧，纸色常有污痕，而其另一侧，则纸色洁净。盖书写时折纸为行，前段尚就格中书写，渐后笔势渐放，字渐大，常骑在折痕之上写，如写折扇扇面，凸棱碍笔，遂成竹节之状，亦初非有意为顿挫之姿，其未值凸棱之行，则平正无此顿挫之节。纸上污痕，亦由未装背时所磨擦者。今敦煌出土之唐人白麻纸草书《法相宗经论》，所折行格之痕，有至今尚在者。明乎此，则顿挫竹节之异状，可以了然。明代翻刻之本，或由不解其故，或由摹勒粗率，遂至失之（节笔之说，日本松本芳翠有《关于孙过庭〈书谱〉之节笔》一文，见《书苑》第一卷第七号）。

再观墨迹行笔甚速，与《书断》所言"伤于急速"之说相合，如谓此卷为面对真迹临写而成者，则行笔既速，笔笔顿挫处又恰尽在同一直线处，殊不可能。如谓为双钩廓填者，其顿挫位置固易准确，但其墨之浓淡及侧锋枯笔，何以如此之活动自然？双钩古帖，虽精工如《万岁通天帖》，其墨色浓淡、行笔燥湿处，亦终与直接写成者有别。如谓为宋人折纸为行以临者，其顿挫固可同在一行，行笔亦可不同于钩填，但宣和签印，事事真，宣和何至误收当代临本。可知宣和御府所收，即为此本。

近年见真宋刻残本，其字形、顿挫，俱与墨迹吻合，知宣和入石，即据此墨迹。

五　其他墨迹异本

清吴升《大观录》卷二曾记三种《书谱》墨迹本，其原物今皆未见，考其所言，盖是临摹之本，以尚未经目验，姑用存疑，只称之为"异本"。吴升曰：

> 孙过庭《书谱》真迹，牙色纹纸本，七接，首有痕如琴之断纹，古气奕奕，草书指顶大，墨彩沉厚，而结体运笔，俱得山阴正脉。吴傅朋长跋六百余言，小楷精妙，不负南渡书名第一。后宋元明题识历历。接纸处及前后隔水，傅朋收藏诸印粲列，骑缝又有秋壑封字方印，拖尾宋光笺极佳，北平孙少宰收藏物也。按此迹宣和曾经刻石，傅朋得之，又镌置上饶署中。入明，黔宁王沐昕亦有刻本，字体小弱，与此迥异。别见黄信纸不全墨本，虽宋初人所临，然殊精彩有骨力。又有黄笺一本，乃元人临者，纸嫩薄，墨浮花，较对真迹，总若河汉耳。

按其所记之第一本，只有吴说（傅朋）藏印跋尾，及贾似道（秋壑）藏印，虽言宋元明题识历历，独未有宣和签印，其非《宣和书谱》之本甚明。至云为孙少宰（承泽）收藏之物，倘非吴升误记，则孙承泽曾并藏两卷，而其《销夏记》不著录此吴说旧藏之本，其故亦颇可研究。今试推测，此盖为一摹本。

所谓笔法得"山阴正脉"者，殆与《阁帖》面目相近而已。《大观录》于此段记述之后，继录《书谱》本文，自"书谱卷上"起，至"写记"止，与其他各本无异。释文字有异同不足论。古跋一无所录。其所记第二本，所谓不全而有骨力者，余窃疑即今之墨迹本。彼以所谓"山阴正脉"者为真，则当然视此为临本。即如清季王宝莹曾以曹、薛之本为中锋、为真本，以安刻本为偏锋、为摹本，殆属同类。所惜吴氏之言过简，一时难得确证。

清吴其贞《书画记》卷五记《孙过庭绢本〈书谱〉一卷》云："前段缺去六行，系后人全者。书法纵逸，多得天趣，为神品之书。识曰'垂拱元年写记'。此书已刻入停云馆。"按是另一种绢上摹本。

六　宋内府摹刻《书谱》之情况

《书谱》摹刻上石，最初在宋徽宗大观年间。宋曹士冕《法帖谱系》、赵希鹄《洞天清禄集》、曾宏父《石刻铺叙》、陈思《宝刻丛编》、元袁桷《清容居士集》（卷四十七《兰亭跋》）等俱有记述，而以陶宗仪《辍耕录》所记最为简明扼要。兹录陶氏之说，以概其余：

> 初，徽宗建中靖国间，出内府续所收书，令刻石，即

今《续法帖》也。大观中又奉旨摹拓历代真迹，刻石于太清楼，字行稍高，而先后之次，与《淳化》则少异。其间数帖，多寡不同。各卷末题云："大观三年正月一日奉圣旨摹勒上石。"此蔡京书也。而以建中靖国《续帖》十卷，易去岁月名衔，以为后帖。又刻孙过庭《书谱》及贞观《十七帖》。总为廿二卷，谓之《大观太清楼帖》（卷十五"淳化阁帖"条）。

今再排列其目于后以便观览。

大观间太清楼所刻帖：

一至十卷，用《淳化阁帖》之原底本重新摹刻，略加改动。即世所称之《大观帖》。

十一卷至二十卷，以建中靖国《续帖》十卷，磨改旧题，以为《大观帖》之《续帖》。（此十卷摹刻始于元祐时，欲为《淳化》之《续帖》，至建中靖国时毕工。原为刘焘题签，后经磨改，由蔡京重题。）

二十一卷，孙过庭《书谱》。

二十二卷，《十七帖》。（他书或列《十七帖》为第廿一卷，《书谱》为第廿二卷。）

据此知《秘阁续帖》中并无《书谱》，后世凡称秘阁本《书谱》者，或由误于未考；或由概称宋内府太清楼为秘阁；又或出于伪造及妄题。

宋内府摹刻之外，尚有吴说于上饶翻刻之本，见吴升《大观录》，惜未见传本。其余大率以一再翻摹之本妄充太清楼刻，甚至伪造"元祐二年河东薛氏模刻"之款，以炫其更早于太清楼。

七 所见之各种摹刻本

一、宋太清楼刻本。《庚子销夏记》卷一"宋太清楼《书谱》"条云："太清楼《书谱》，视《秘阁》稍瘦（按《书谱》刻石，次于《秘阁续帖》之后，已见前，孙氏此说误），其率意处，无不与墨迹相合。道君与蔡元长皆精于书法者，故工致至此。"此种真本，流传极少。抗日战争时，保定人家出残本十四片，每片八行（其中一片七行），自"暗于胸襟"起，至"重述旧章"止，共一百一十一行，纸墨俱古，隔麻淡拓，笔锋点画，出入分明，刻法与《大观帖》同样精工，石高亦与《大观帖》及河南本《十七帖》（又称汴本，即太清楼中《续帖》后附之本，流传者，以刘世珩旧藏本为最知名）相同，故较墨迹行款略有移动（《淳化阁帖》板式稍矮，以致误将张芝帖中草书"处"字分在两行，成为"不可"二字，《大观帖》刻石，为之改正，帖石高度遂以此帖此行为标准，此是翁方纲说，甚确。按太清楼《书谱》与河南本《十七帖》既与《大观帖》石同高，故每行移多二三字）。张伯英先生一见惊喜，考为太清楼真本。其笔法转折顿挫，俱与墨迹本无异（孙承泽所谓率意处，殆即不解顿挫现象之故，而称之为率意）。此残本旋归吴乃琛，转归韩德清，后在陈叔通先生家，今藏故宫博物院。或谓此残册字与墨迹既同，安知非近时用墨迹摹刻伪造者？答曰：姑且不言纸墨之旧，即起首"暗于胸襟"等十七字，真迹已缺（《停云》刻石时，此处三行真迹已缺），刻者何从依据。如云据明刻补成，何以补字竟与其他诸字完全一类？如云帖是明初人据真迹所刻，何以又必依《大观帖》石之高度？据此可知，诸疑俱难成立。故在今日谈宋内府所刻《书谱》，当必以此十四片为真龙。今有文物出版社影印本。

二、明顾从义旧藏宋拓本。今藏日本中村不折家，有晚翠轩影印本。首题"书谱卷上"，下署"吴郡孙过庭撰"，后至"写记"止。正文首行十二字。刻法笔迹较方，亦间有误刻之笔（如"少不如老"之"老"字等）。尾有沈曾植、王瓘跋。沈跋疑为金源旧刻，然亦无显据。

三、江阴曹骏刻本。石高与《大观帖》相等，首有小楷一行曰："唐孙过庭书谱。"帖文首行十四字，行式与宋太清楼刻真本残册相同，推知源于宋刻。册之首尾各有蛀损痕迹，皆以细线钩出，蛀痕呈对称状，知底本为半页五行之裱册本。中有因笔画残损而成误字者，如"务修其本"之"本"字，竖画下半未刻，遂成草体"书"字，此盖由底本墨洇不明所致。唯尾无"垂拱三年写记"一行，后有嘉靖二十二年江阴曹骏小楷跋一段。曹骖跋泛论书法，未言底本出处。其中"得意忘言"后，石缺一角。"忘怀楷则"起六行之间有斜泐一道。有正书局曾石印刘铁云藏本，题称《宋拓太清楼书谱》即此石也。缺泐全同，但撤去曹骖一跋（以下简称曹本）。道光间僧达受《小绿天庵遗诗》卷下《宋拓书谱歌》注云："曹氏本末行'垂拱三年写记'佚，后跋亦未说及。今石在吴门。近人割去曹跋，伪宋刻也。"唯对其所题之本，只作泛咏，未言及有何特点，真伪不可知矣。

四、薛刻本。全帖与曹本俱同，唯尾多"垂拱三年写记"一行。末有"元祐二年河东薛氏模刻"款字一行。此本笔画僵直且瘦，顿挫俱无。元祐伪款，殊不值一辨（以下简称薛本）。

张彦生先生相告云，薛本第三十三行"实恐"之"实"字，"宀"之右钩接连"宀"头之首点，误成一小圈，于后补刻更正之字。一般裱本，多未将更正之字裱入。曹本中此"实"字不误。再以太清楼残本校之，曹本是而薛本非者尚多，足证薛本翻自曹本，或同出一底本，曹工精而薛工粗也。唯薛本有"垂拱"一行尾记，而曹本无之，余窃意曹本之石并非曹氏所刻，殆如书籍板片，刻后易主，新主常改刻己名。曹骖跋语全是空论，与本帖无关。知其不过附庸风雅者。且末行正当一石之首，其后殆有原刻者之跋，曹氏删之遂失尾款一行耳。

五、《停云馆帖》本。明文徵明集刻法书，卷三为《书谱》，前半卷与曹、薛之本相同，凡曹、薛之缺字，此无不缺（"本"字亦误）。而曹、薛"本"之残存半字处，此俱删之，篇首残存"卷上"二字之标题亦删。度其用意，似待觅别本补足者。正文首行十二字，行式移动，与墨迹及曹、薛本俱不同。自"约理赡"起，行式、残字，以至笔法顿挫处，无不与墨迹本相同。尾有"政和""宣和"二长方印，其后又有"政""和"二字连珠印及"内府图书之印"九叠文大方印，盖原卷后拖尾上所钤，今墨迹本后隔水左边尚存连珠印之右边栏，而拖尾已失去。"心不厌精"之后三行（三十字）墨迹所缺，此刻亦是用曹、薛一类之本补成者。今日墨迹中纸边损字又复增多，而《停云》入石时尚间有存者。其帖刻于嘉靖三十七年，在曹刻之后。明章藻重刻《停云》本将原刻缺字俱补足，后半摹法亦失真。

六、《玉烟堂帖》本。明海宁陈氏集刻古法书，中收《书谱》，出于曹、薛一类之本，卷首标题全删，其后各字及残缺处与曹、薛之本俱同（"本"字亦误）。尾有"垂拱"一行。正文首行十一字。全卷移行，笔法更失。翻刻本中，此为最下。其帖刻于万历四十年。

七、安刻本。清安岐得墨迹本，精摹木版，当墨迹影印本未流行时，此拓最称善本，然亦有失漏处，例如"悬隔者也"等处行式取直，顿挫之笔，遂失其一线之位置。"五十知命"下删去旁注之"也"字。"心迷议舛"之"议"字，删去旁添之"言"旁。"诱进之途"之"途"字及"垂拱三年"之"三"字各改笔痕迹俱删去，不能谓为毫无遗憾者。附有陈奕禧释文。

八、《三希堂帖》本。据墨迹本入石，行式全改，笔意尚存。

九、翻安刻本。余所见有四本：甲、嘉庆庚午年长白毓兴（字春圃）刻于扬州转运使署者，乃嘱钱泳所摹，附有钱氏所书释文。钱跋称校正陈香泉（奕禧）释文，然亦有再误者。乙、嘉庆己卯仁和黄至筠刻本。丙、道光二十三年包良丞刻本，并摹陈书释文。包跋称引姚鼐批本所论释文异同之字，可广异闻。以上俱明注出处者。至于射利翻摹伪充安刻原本者，不具论。

十、《契兰堂帖》本。谢希曾所刻丛帖，中摹《书谱》一卷，未言出处，谛观乃翻自安刻本。

十一、杨守敬激素飞青阁木刻书册本，未言所据，校对知出于安刻，但翻白字为黑字耳。

八 未见之各种摹刻本

一、误题《秘阁续帖》本。明王世贞《弇州山人四部稿》卷一三五《墨刻跋》"孙过庭《书谱》"条云："《秘阁续帖》末未有宣政印记者，最为完文，今不可复得矣。"又《庚子销夏记》卷一"宋《秘阁续帖·书谱》"条云："《书谱》石本以《秘阁》为胜，视墨迹稍肥，然神韵宛存，非他刻所能及也。予觅之经年，始得此本，惜首缺十余行。"按宣和所刻《书谱》，乃与《秘阁续帖》同存太清楼中，《秘阁续帖》中并无《书谱》。王氏所言，似误称太清楼本为《秘阁》；至于孙承泽已收有太清楼本，并见《庚子销夏记》著录，此既稍肥，自是宋代一种别刻。

二、南宋吴说刻本。见吴升《大观录》卷三"《书谱》"条。

三、明翻宋刻本。王世贞跋同上条云："余游燕中，有伪作古色以鬻者，其刻亦佳，而中有两讹字，盖《秘阁》之帖遗于后，而纸敝墨渝，刻者承之，赖以辨耳。"

四、明内府藏石刻本。王世贞同上条跋云："其一末有宣政印记，而前缺一二十字，盖自内府出，而卷首稍刓破，然自真迹上翻刻，故独佳。中间结构波撇皆在。"按此所谓自内府出者，谓其所见拓本是内府所藏而今流出者，抑谓石为内府所刻因而拓本出自内府者，语意不明。所言缺字刓破，指拓本纸缺，抑指原石损泐，亦俱不明。王世贞又云："孙过庭《书谱》……石刻亦有二种，皆佳。其一宋时拓本，然再经石矣，故无缺文而有误笔；其一国初从真迹摹石者，以故无误笔而有缺文。"（见《四部稿》卷一五四）按所言第一种当即前条"有两讹字"之本，第二种当即此内府本。

五、明沐昕刻本。见吴升《大观录》卷二"《书谱》"条。

六、孙矿所见旧本。《王氏书画跋跋》卷二云："在礼部时，沈瑞伯持一旧本见示，是背成册叶，首缺数幅。构体绝劲净，与《江阴》《停云》两本绝不同。云是佳帖，余则尚恨其乏流动意。"

七、武进横野洲郑氏本。清王澍《竹云题跋》卷三"孙过庭《书谱》"条云："曩于武进见横野洲郑氏本，神精韵古，为《书谱》石刻第一。"按此本不知为郑氏所藏之旧拓本，抑为郑氏勒石之本。欧阳辅《集古求真》卷八举明刻本中有此郑氏本，殆亦曹、薛一类之本。

此外，日本韩天寿复刻薛本，贯名海屋木板复刻薛本，三井子钻复刻薛本。清代扬州、涿州复刻安本。耆英复刻薛本，并未见。实亦俱无关考订者。

九 《画谱》已见各本系统表

墨迹

曹刻本

薛刻本

拓本甲（明翻本之源）

《停云》本前半及后半中三行

拓本乙（残存十四片）

玉烟本

顾从义旧藏本

《停云》本后半

钱刻本

黄刻本

安刻本

包刻本

三希堂本

谢刻本（《契兰堂帖》）

杨刻本（激素飞青阁木刻书册本）

影印墨迹本

十 历代引据传录临仿及释文各本

一、唐张怀瓘《书断》卷下总评中引文"元常专工于隶书"等四句，共二十三字（见前第二节）。

二、唐日本僧空海临本。日本阳明文库藏断简。自"五十知命"起，至"时然后"止，共三行。草书，是临写，但不甚逼似。其中"知命"下无"也"字，缺"夷"字，"险"字"阝"旁误为一直笔。

三、空海传录本二段。甲、日本御府藏，自"互相陶染"起，至"假令薄解"止，共十三行，字体行草相间，乃录文，非临摹也。"不悟所致之由"之"不悟",此作"岂悟",余俱无异。见《书道全集》第十一卷（平凡社旧版）。 乙、日本宽政年间北条铉刻《集古法帖》,有空海写本《书谱》,字与前本一类,殆同卷中分散者。《书道全集》第八卷（昭和三十二年新版）节印六行,自"形质使转为情性"起,至"草乖使转不"止,其中较中国传本,"使转为形质"下多六句,为："草无点画,不扬魁岸;真无使转,都乏神明。真势促而易从,草体赊而难就。"共二十八字。《书道全集》特以其异文而节载之,未知原刻共存若干行。今日所知唐人征引《书谱》者,唯张怀瓘《书断》;而唐人临写传录者,则当以空海诸段为最早矣。且见过庭著作,唐代已流传海外,固非窦臮辈一手所能掩。至于张怀瓘引文有异字及空海录文多出二十八字之问题,并不足异。古代诗文,其编集之本与手稿之本多有异同,今日所传之墨迹本,不知为作者第几次稿,怀瓘所引、空海所录,亦不知各据作者第几次稿本,其二十八字亦不知为作者后增抑为作者所删（《书断》尚有传刻板本讹误之可能）。

四、宋刻楷书本（未见）。孙承泽《庚子销夏记》卷一著录《宋刻楷书书谱》云："孙虔礼《书谱》余所见墨迹及宋人刻本,皆草书也。然又有正书本,字法劲秀,大有钟、王遗意,前人所绝未语及也。后有嘉定字,岂彼时上石乎?虔礼书有讹字,皆从旁注之。吴说一跋,书亦工,惜不全。"按此是宋刻一种楷书释文本。所谓讹字,乃误释之字。吴说跋是墨迹抑是帖后所刻，其语不明，所谓不全，亦未知指正文抑指吴跋。

五、明顾从义旧藏宋刻楷书释文本。小楷书，字体似宋人传刻所谓"晋唐小楷"一路，首题"书谱卷上"，下署"吴郡孙过庭撰"，后至"写记"止。中有误释之字，如"钟、张云没"之"云"作"亡"；"伯英尤精草体"之"尤"作"犹"等等。自"体权变之"以下，拓本残失六百四十四字，前有王文治、王瓘题签。其帖今在日本中村不折家，附于顾藏旧刻草书《书谱》之后。有晚翠轩影印本。

六、南宋姜夔《续书谱》"情性"条引孙过庭曰："一时而书"至"违钟、张而尚工"一段（此据《百川学海》本）。

七、桑世昌《兰亭考》卷九《法习类》引"右军之书，代多称习"至"阳舒阴惨，本乎天地之心"一段，下注"孙过庭《书谱》"。

八、陈思《书苑菁华》卷八录《书谱》一通。首题"书谱"下署"孙过庭"，后至"写记"止。

九、宋末左圭辑《百川学海》丛书，中收《书谱》一卷，首题"书谱"，下署"吴郡孙过庭撰"，后至"写记"止。正文有讹字，下加校注。如："钟、张云没"讹作"亡没"，下注曰"改作云"；"伯英尤精于草体"讹作"犹精"，下注曰"改作尤"；等等。末记一行云："嘉定戊辰冬改正三十五字。"此书录文所据之底本，殆即孙承泽、顾从义所藏之楷书本。兹以三者合参，知孙承泽所云之嘉定字，乃校读人之题识。孙藏之本，如非即左圭所见之一册，则孙藏与左据之本必有其一为过录校本。且顾藏本与孙、左二本如非同拓自一石，亦必同出一源也（余颇疑此种楷书释文本，即是吴升所记吴说在上饶所刻者，姑记于此，以待更新之证验）。

十、元虞集临补墨迹本缺文（已佚）。见《庚子销夏记》。

十一、明初陶宗仪辑《说郛》，收《书谱》一卷。

十二、明初宋克节录本。文明书局影印。原迹首残，自"体彼之二美"起，至"恬澹雍容"止。字作真、行、章草各体，间杂书之。末有自跋六行，后有孙克弘跋。

十三、明詹景凤编《王氏书苑补益》，收《书谱》一卷。

十四、明汪珂玉《珊瑚网》卷廿三上，录一段。题曰《孙过庭〈书谱〉》，自"趋变适时"起，至"违钟、张而尚工"止，又卷廿四上，录一段。题曰《孙虔礼〈执要篇〉》，自"今之所陈"起，至"安有体裁"止，共二段。

十五、清《佩文斋书画谱》收《书谱》一通，出于《百川学海》本，注有改释之字，删去嘉定尾款一行。

十六、《图书集成·字学典》卷八十七收《书谱》一通。

十七、卞永誉《式古堂书画汇考》收《书谱》一通。

十八、冯武《书法正传》收录《书谱》一通。

十九、陈奕禧书释文本。附安岐摹刻《书谱》后。

二十、吴升《大观录》著录《书谱》，录释文一通。

二十一、《四库全书·子部艺术类》收《书谱》一卷。

二十二、《三希堂帖释文》录《书谱》一通。

二十三、戈守智《汉溪书法通解》卷八录《书谱》一通。

二十四、朱履贞《书学捷要》录《书谱》一通。

二十五、钱泳楷书释文本。附于其重摹安刻本后。

二十六、包世臣《删定吴郡书谱》。有两种本：一为包氏草书本（有石刻本及影印墨迹本），二为《艺舟双楫》中录其删定之文。

二十七、伪蔡襄临本。石刻本，笔法僵直，所临者为曹、薛一类之石刻本，"本"字亦讹作"书"字，后有伪苏轼、米芾等跋。再后附宋克释文乃作王宠笔体，并有祝允明跋，全属伪造。前后刻有清代"天水赵氏咨雪堂"及"春岩审定珍藏"各印，知即赵氏摹刻入石者。此卷底本之伪造，不早于明清之际。

二十八、任恺临本。同治十二、十三年宁夏任恺两次摹刻其自临《书谱》于南阳。其第二刻并于每行之右附小楷释文。自跋称未见太清、《停云》之本，所据乃安刻本，安本所缺之三百余字，乃"参以二王笔意补之"。又云："《秘阁》《停云》而外，不但石刻法帖不可多觏，即原文亦多未识。"而自以所刻可备"临池之楷模"，实一谫陋之本。

二十九、王宝莹小楷释文本。附于有正书局石印刘铁云藏《宋拓太清楼书谱》（即曹本）后。以陈奕禧、朱履贞二本合校，有王宝莹自跋。

三十、日本平久信撰《孙氏书谱证法》。日本天明七年（乾隆五十二年）撰。日本刻本。《书苑》第二卷之各册中曾分载之。近代坊间影印薛本、影印墨迹本，多附释文，大致辗转抄录，无关考订，不复详及。其他书家随手临写之本尚多，其无所考订或无释文者，亦俱不录。

十一　卷数问题

今传《书谱》，无论墨迹、石刻，以及录文，俱自"书谱卷上"四字标题起，至"垂拱三年写记"六字尾记止，未见所谓下卷也。而此篇之末，作者自称"撰为六篇，分成两卷"，是固应有下卷。其下卷之文如何，何时亡佚？昔人所称，每有不齐。

《宣和书谱》曰："唐孙过庭《书谱序》，上下二。"或据此谓下卷北宋时尚存。

南宋陈思《书苑菁华》录《书谱》之文亦仅自首至"写记"止。或据此谓下卷亡于南宋之初。见包世臣《艺舟双楫·论书二》、余绍宋《书画书录解题》卷三。

元初周密《云烟过眼录》卷上，记焦达卿藏"真迹上下全"。或据此谓下卷元初尚存。张丑《清河书画舫》卷三云："元初焦达卿敏中所藏，上下两卷全，今已缺其一，上卷亦不能全。"余氏《书画书录解题》卷三信此说。余嘉锡先生《四库提要辨证》卷十四亦信之。

按以上三说，俱有可疑，北宋刻石及所传翻刻及记录，从未见序文以外之下卷。张丑亦云："此帖宋时已刻石，亦只此一卷。"如宣和并藏序及序以外之下卷，何以只刻序文一卷？如其下卷至元初尚存，何以宋元人记录无一言及序文以外之下卷内容者？且吴升所记三本中，亦未言与今本有殊，可知亦俱为序文一卷。

余反复详观墨迹本及《宣和书谱》，恍然悟得其故，试申言之：

今本一篇，叙述书法源流及撰写《书谱》之旨，篇末自称"撰为六篇，分成两卷"，实为序言之体。其下卷当为种种之谱式。故《宣和书谱》称之为"序"；瘦金题签亦称之为"序"；所谓"序上下二"者，谓此篇序文分装上下二轴。故不言"谱上下二"，以别于"序"与"谱"之二卷。

今墨迹本自"汉末伯英"之下断缺一段，恰是半卷之处，其下"约理赡"等三行，纸色既污，每行下脚又各缺二三字。观于敦煌所出古写卷子，其起首之处，纸常污损，盖舒卷所致者。又墨迹本此处有骑缝印，边栏独宽，与卷内各骑缝印边栏不同，因知上下二轴实自此处分开者。或问整篇之文，中分为二，有无他例？应之曰：唐许浑自书其诗五百余篇，蝉联写去，不分卷第。至宋米芾、刘泾、杜介、王诜诸人，分而藏之。《宣和书谱》卷五载"今体诗上下，乌丝栏"不记篇数。至南宋岳珂得其一百七十一篇，分装为上下二卷，皆有绍兴御玺。语见《宝真斋法书赞》卷六。俱是因篇幅过长而分为上下者。此例一。又《宣和书谱》卷二十"于僧翰"条："今御府所藏八分书二：千文上下。"当是因字大卷长而分轴者。此例二。又唐窦臮《述书赋》二卷，《四库提要》谓其下卷"文与上编相属，盖以卷帙稍重，故分为二耳"。此例三。俱足为《书谱》分轴之旁证。宣和所藏墨迹，分装二轴，而摹勒入石，则无须再分，故所传石刻俱合成一卷。陈思熟于金石，曾撰《宝刻丛编》（其中亦著录《书谱》），其《书苑菁华》之录《书谱》，当据石刻，非必见墨迹始能录文。至于元初，"书谱"二字早已成此篇序文之定名，故不待加"序"字已为人所共喻。即如陈思所录，前亦只标"书谱"二字，并"卷上"二字俱已删之。且焦氏所藏，明著有"徽宗渗金御题"及"政和宣和印"，是即宣和之本无疑。则其所谓"上下全"者，即《宣和书谱》之"序上下二"。余嘉锡先生谓《宣和书谱》衍"序"字，今按实是周密省"序"字耳。

《停云馆帖》刻本，拼凑之迹，已如前述。张丑云："前半真迹已亡，翻刻入石；后半真迹俱存，钩填入神，故《停云》所刻，笔气相隔若此。"按《停云馆帖》后半卷自"约理赡"以下，恰与墨迹本全合，知张丑之说不谬。再按文嘉于嘉靖四十四年检阅官府籍没严嵩家藏书画，著为《钤山堂书画记》。其记《书谱》云："孙过庭《书谱》一，上下二卷全，上卷费鹅湖本，下卷吾家物也。纸墨精好，神采焕发，米元章谓其间甚有右军法，且云唐人学右军者无出其右，则不得见右军者，见此足矣。"（据《知不足斋丛书》本）又《清河书画舫》卷七附载文嘉别本《严氏书画记》，其"《书谱》"条云："孙过庭《书谱》一，真本，惜不全。"当时籍没严氏财物之账簿题曰《天水冰山录》者亦云："孙过庭《书谱帖》一轴。"（《知不足斋丛书》本）可证所谓"上下二卷"者，即指分装二轴。所谓"《书谱》一"者，此时已合装为一轴。所谓"惜不全"者，殆指卷中有缺文耳。《停云》刻石在嘉靖三十七年，盖刻后不久，真迹下轴即入严家，而二轴合装为一，即出严氏之手。张丑所谓"焦达卿敏中所藏，上下两卷全，今已缺其一，上卷亦不能全"者，盖只见文氏所藏，未见费氏所藏，更未见严氏合装者也。

又今墨迹卷前宋徽宗瘦金题签"唐孙过庭《书谱序》"，"序"字之下隐约有"下"字痕迹，当是合装时上轴之签或失或残，故将下轴之签刮去"下"字，移装于前。

至于日本平安时代所编之《日本国见在书目》，曾云"《书谱》三卷"，此或为唐人抄录之本，卷数别经析出，唯"分成两卷"，明见原文，此处"三"字或直是"二"字之误。

余颇疑孙过庭此序以外之下卷，或竟未成书。盖唐宋人写录记述既无一言及下卷，而《书断》又为之更名曰《运笔论》，殆以既无谱式而称之为谱，义有未合，故就序文所论，为立此名，俾副其实而已。《墓志铭》称"将期老有所述，志意不遂"，则其撰而未竣，仅成一序，亦非毫无可能者。

十二　墨迹缺失诸行之臆测

今墨迹本自"汉末伯英"以下缺一段，"心不厌精"以下缺一段。尝思"约理赡"以上虽为分轴处，而"汉末伯英"处，并未见断烂之痕。且其前自"又云"起为一纸，此纸今仅存字二行。分处甚齐，明为割截余此二行，其故何在？按宋人每割晋唐法书以相传易，如米芾《书史》等书所记甚多。然此卷全文，不比简札之易分，割则两败，想好事如焦达卿未必如此鲁莽（米芾虽曾割许浑诗卷，但诗以首分，尚可自为起止，与此整篇之文不同）。偶为排比其纸数行数及字句文义，始得其故。姑申管见于下。

按未缺之原卷，自首行至"贵使文"止，为宣和所装之上轴，共一百九十九行。自"约理赡"至末行"写记"止，为下轴，共一百七十行。当时以原纸缝为分轴处，以致"贵使文约理赡"一句分在两处，殊不整齐。古代某一藏者嫌其文句分裂，思为调剂，乃自上轴之末割十五行以附下轴，则上轴为一百八十四行，下轴为一百八十五行，且上轴至"若汉末伯英"，文辞恰为一句，行数亦复停匀。但不知是否黏附下轴之后脱落，抑或割而未粘。至于"心不厌精"以下，何以失彼三行，则殊难测。唯此处前后各行，纸颇有断烂处，或由舒卷扯断，或由偶遭污损，因而割截取齐，俱未可知。

至于前半"五乖三合"之处十三行何以错简？按《庚子销夏记》谓"'五乖也'下少一百三十字"，今观"五乖"之下，自"也乖合"起至"湮讹顷见"止十三行，共一百三十一字，误装于前。此段即孙承泽所记之缺文。盖孙藏之时尚缺，其后为某一藏家获得，归入卷中。唯原应插入"五乖"之下，而误插入"心遽体留"之下耳。然如装时不误插，则未有不疑孙承泽为误记者矣。抑或由孙氏只注意到此处少十三行，因而记之，未注意其误装于前也。

十三　论添注涂改剥损诸字

《书谱》中有作者用墨笔即时删点添注及改写之字，不具论。又有淡色笔添改之字，自影片观之，其字与本文各字颜色不同，当是朱书。廿年前虽曾见墨迹原卷，惜已不能记忆。此类字，有属释文性质者，如"龟鹤花英之类"之"类"字，"稽古斯在"之"稽"字，"更彰虚诞"之"彰"字，"恬淡雍容"之"雍"字，等等，皆有淡笔楷字旁注，乃出他人手，亦俱无关于文义。此外尚有数处须特论者：

一、"心迷议舛"之"议"字，原写"义"字，左旁添一大竖（草书"言"字旁），今此笔画上半磨损，下半纸破一块，然全笔之形固在。此笔安刻已删，安氏之前各种刻本俱有之，宋人录文及引文亦作"言"旁之"议"。

二、"五十知命也，七十从心"之"也"字，是小字从旁添注于"命""七"二字之间，宋刻及明翻宋刻各本俱有，空海三行断简中无，宋人录文俱有。今墨迹本此小"也"字已磨损中间竖画，仅存"乜"形。安刻遂删之，而珂罗版各本，亦有修改涂失者。

三、"包括篇章"之"章"字，因继草头"篇"字之后，遂亦误书一草头"艹"，后又在"丷"上改一大横，其顶上再加一点，乃成草书"章"字之起首二笔。唯明刻本大横较细，遂成"开"形，故或释为"乘"。今墨迹分明，是"章"非"乘"。

四、墨迹尚有因纸质剥损而笔画断缺者，如"奇音在爨"之"爨"字，中间"林"字部分，纸伤一横痕，转折之笔遂断，宋明以及安刻本此笔俱未损。或有误认墨迹此字为讹字，因而疑墨迹为赝本者，谛观影片，剥痕自见。正如"思虑通审"之"通"字中"甬"字上半，因纸裂而移动，其字竟不成形，俱此类之显例。

五、又有墨迹败笔，而翻刻致误者，如"少不如老"之"老"字，其长撇因值纸棱而下端特肥，且笔画中间墨色剥落，宋刻真本尚能传其剥落情状。而翻刻本便成撇笔向上回折，遂成长圈。顾从义藏本如此，曹薛本亦如此。

六、又"知与不知也"之"也"字，末笔自左上向右下斜画时，中遇纸棱，其笔遂转而向下，成一细直线。又重自左上再写一笔，竟成长圈。宋刻真本此处甚分明，与墨迹一致，而曹薛翻本因见所据宋刻底本此字适当行末，误以为是收束之笔，刻作向上回锋，遂成长圈。此俱纸棱所致之败笔，而为案验刻本之佐证。

十四　论释文异同诸字

《书谱》释文，各家大致相同，唯有廿余字互有歧异，兹略论之。不详举某家释作某字，以省篇幅。

"私为不忝"之"忝"字，各家多释为"恶"，按墨迹第二笔紧顶横画中间，实为"天"字，加"心"为"忝"。

"有乖入木之术"之"术"字，陈奕禧释文并列"微、术"二字，且谓"本是术字，于文理作微为顺"。模棱无当。

"殊衄挫于毫芒"之"衄"字，或释"剑"，误。

"讵若功宣礼乐"之"宣"字，或释"定"，按释"宣"，是也。字形既是"宣"字（卷中"宣""恒"等字下部与此同），且于文有征："功宣于听"（《宋书·武帝纪》）、"世弥积而功宣"（《头陀寺碑》）、"功宣一匡"（《晋书·陶侃传》）、"功宣清庙"（《旧唐书·刘仁轨传》）等皆是。

"互相陶染"之"染"字，或释淬锻之"淬"。按日本藏智永《千字文》墨迹本"墨悲丝染"之"染"字，真书作"淬"，草书与《书谱》同。

"自阋通规"之"阋"字，陈谓"字是阋而文应是阙"，按非但字形是"阋"，且"阋"则不通，于文义亦不应作"阙"。

"趋变适时"之"变"字，或释"事"或释"吏"，俱非。按此字是改写而成者，且纸有破痕，故点画不甚明晰，实为"变"字。

"题勒方冨"之"冨"字，借作"幅"，或释作"富"，非。

"殆于专谨"之"谨"字，或释"涂"，谓借为"途"。按智永《千字文》"劳谦谨敕"之"谨"字草书，唐林藻《深慰帖》末"谨空"之"谨"字，唐人《月仪帖》中"谨"字，俱与此同。且《书谱》中"道途"之"途"字俱作从"辶"之"途"，不作从"土"之"涂"。

"包括篇章"之"章"字，或释"乘"，误。辨已见前。

"义无所从"之"义"字，或释"蒙"，据上文"手蒙""笔畅"之文义而言也，按字形实是"义"字。

"中画执笔图三手"之"手"字，或释作"年"，非。手者，所画执笔之手形也。

"徒彰史谍"之"谍"字，释文或书作"片"字旁，非。

"历代孤绍"之"孤"字，或释为"脉"，非。按孤绍犹言"专宗"，谓右军成为唯一之宗师也。其前之崔、杜，后之萧、羊，多已散落，唯右军之法独行耳。

"心迷议舛"之"议"字，应有"言"旁，辨已见前。

"规矩暗于胸襟"之"暗"字，借作"谙"。

"断可极于所诣矣"之"诣"字，或释"临"，或释"论"，俱不合。或释"治"，"治"为唐讳，更误。又或释"诒"。按章草《急就篇》之"诣"字，正如此作。

"终爽绝伦之妙"之"爽"字，或作"奏"，非。宋人引文及录文各本俱作"爽"。按《阁帖》卷六末右军《二谢帖》云："知丧后问"之"丧"字，与此形同，疑是"丧"字。姑拈于此，以待续考。

"轻琐者染于俗吏"之"染"字，与前"陶染"之"染"字相同，或释"流"。按卷中各"流"字俱不如此作，仍应释"染"。

"便以为姿质直者"之"便"字，近人柯逢时先生释文遗稿，释为"浸"，其说可从。

"垂拱三年"之"三"字，中有一斜画，乃误笔，似初欲写"元"字，未写末钩，已觉其误，遂改为"三"。曹骧刻本虽缺此一行，而其跋中称"作于垂拱之五年"，是误释"三"为"五"也。

一九六四年

七

论怀素《自叙帖》墨迹本与宋刻本

唐僧怀素擅狂草书，流传草书帖甚多，有墨迹，有石刻，必以《自叙帖》长卷为第一名品。这卷字大卷长，笔势流畅变化，纵横驰骋，比起那些少则二三行、多也不过十几行的字迹，要痛快得多。

《自叙帖》流传石刻本很多，自公元一九二四年稍前延光室（出版社）出版了《石渠宝笈》所藏真迹本长卷的照片和珂罗版本，世人大开眼界，叹为稀有之观。再后有故宫博物院在《故宫周刊》内分期影印各段，又有影印单行长卷，于是社会上公认这是一卷怀素的巨迹，和孙过庭的《书谱》长卷真迹，共属书法至宝。《书谱》墨迹本还偶见有人怀疑它是摹本（当然不确），而《自叙帖》墨迹只见马衡先生曾根据詹景凤的话一度提出疑问外，不见什么异议。现在从见到的一些文献材料和石刻善本中综合考察，提出问题，分别阐述于下。

一　原迹、真迹、真本、摹本的名称问题

从文献上看，宋代特别是米芾以前，对于"真迹"这一观念并不十分严格。梁武帝拿出王羲之的字迹令陶弘景鉴定，因为那时许多古法书没有写者签名。这种鉴定，不仅是辨别是原迹或是摹本，还有辨认是谁写的这个问题。唐人窦臮的《述书赋》里就提出"带名""不带名"的问题，所谓"带名"即指那件书法作品上写着写字人的姓名，写了名字的可以证明是某人写的，没写名字的，就要另凭判断了。

再后鉴定的注意力就着重在是否某个书家的风格。例如《淳化阁帖》中有许多帖列入王羲之、王献之名下，苏轼、黄庭坚、米芾、黄伯思等专家多有批评，指出某一帖是真王羲之的，某一帖是假托的。《淳化阁帖》都是木板、石板上刻出的，用墨拓出的黑地白字的"拓本"，从逻辑上讲，即属是他们认为真王羲之字的，也是摹刻了的影子，只能算真迹的影子，或说"真本"，不能说是"真迹"。只有米芾还有另一角度的观点，他把原纸原写的字迹才叫作真迹。他有诗说："媪来鹅去已千年，莫怪痴儿收蜡纸。"他认为用蜡纸钩摹的名家字迹不能归入真迹范围，只能算是真迹的摹本。后来文人用词，牵连混用，题跋上、记载中随便使用，谁也不详细追究哪件是钩摹本，哪件是书家本人原纸写的字迹。事实上那也太啰唆了。所以后人对于古法书多用"真迹本""石刻本"这两类

来分称，今天有了影印法，又多出一个"影印本"的名称而已。本文以下称《石渠》旧藏一大卷《自叙帖》墨迹为"墨迹本"，以别于石刻本。

二　墨迹大卷是宋代流传的哪一本

《石渠》所藏这一大卷墨迹本后有绍兴二年曾纡题跋一段，他说：

> 藏真《自叙》，世传有三：一在蜀中石阳休家，黄鲁直以鱼笺临数本者是也；一在冯当世家，后归上方；一在苏子美家，此本是也。元祐庚午苏液携至东都，与米元章观于天清寺，旧有元章及薛道祖、刘巨济诸公题识，皆不复见。苏黄门题字乃在八年之后。

说明了这卷是北宋苏舜钦（字子美）家藏的一卷。他并没说出当时那三卷是别人从原迹上钩摹出的真本，更没说明苏家这一卷是原纸原写的真迹。从此这墨迹大卷便被认为是苏氏家藏的一卷了。

这卷墨迹本后还附有明代文征明跋一段，是从一个明人石刻本上割下来附装于后的。文氏跋的要点如下：

余按米氏《宝章待访录》云："怀素《自叙》在苏泌家，前一纸破碎不存，其父舜钦补之。"又尝见石刻有舜钦自题云："素师《自叙》前纸糜溃不可缀缉，书以补之。"此帖前六行纸墨微异，隐然有补处，而乃无此跋，不知何也。

文征明具体地引了苏舜钦跋中的原话，可见他是亲自见过苏舜钦跋的（苏氏写在《自叙帖》后的跋文，宋以来的有关法书记载都未曾见）。文氏又曾补写苏轼自书《赤壁赋》真迹卷前残缺的一些字，后加小楷跋语说：

谨按苏沧浪（舜钦的别号）补《自叙》之例，辄亦完之。夫沧浪之书，不下素师而有"极愧糠秕"之谦。

这里又多引出苏跋有"极愧糠秕"四字，今墨迹卷中全都没有。是这个墨迹大卷原来曾有，在文征明以前被人割去的呢，还是这墨迹大卷并非苏家那一卷呢？如说根本不是苏家那卷，所以没有苏跋，而曾纡跋中首先确指这就是苏家的一卷；既是苏家那卷，而前一纸补痕并不明显，后来许多跋语中如文征明、高士奇都曾闪烁其词地说它又有补处，又有原纸，种种矛盾，怎么解释？这姑不必详论。姑且简单说曾纡跋不误，这卷墨迹本便是苏家藏本，只是苏跋在文征明前已被割失，也没有什么不可以。但其中存在的其他矛盾，并未由此而完结。

三 苏家本和今传墨迹大卷有什么异同

苏家本在宋代曾被摹刻上石，宋拓本已不得见，幸而有一个宋刻本的真影存留。它就是嘉庆六年（一八〇一年）吴门谢希曾刻的《契兰堂帖》中的一卷。这部丛帖，刻得很精，但流传甚少，它摹刻的宋拓本《自叙帖》是其中的第五卷。

谢氏有小字题识一段。刻在怀素正文"八日"之下空隙处。他说：

> 素师《自叙》真本失传久矣。辛酉秋偶得唐荆川所藏宋拓本。为淳熙时从墨迹刻石，笔法精妙绝伦。衡山文公谓素书如散僧入圣，虽狂怪弩张，鲜不合度，信不诬矣。（下钤"曾""安山"二小印）

按卷首有"荆州"二字印，是谢氏指为唐氏旧藏的根据。又卷尾苏跋"补其前也"下有高士奇长方收藏印。文为"江村高氏岩耕草堂藏书之印"。得知从唐氏藏后，还经过高氏收藏。

这卷宋刻本真影，也就是苏家本的面目有什么特点？分列于下：

一、有苏舜钦跋云："此素师《自叙》，前一纸麋溃不可缀

绪，仆因书以补之，极愧糠秕也。"（此四行草书）

"庆历八年九月十四苏舜钦亲装且补其前也"。（此三行真书接写于草书四行之后）

二、怀素自书尾款"八日"之后紧接有"升元四年……邵周重装"押尾一行。再接"王绍颜"的押尾一行。再后才是"大中祥符三年……苏耆题"一行，更后是"四年……李建中看毕题"二行。

三、全卷只在邵周押尾一行的上端有"建业文房之印"一印，其他处全无印章。

四、卷首自"怀素家长沙"起各行笔迹一致，与苏舜钦自书跋尾草体不同。

五、怀素全卷的笔法位置与墨迹大卷完全一致。

从以上的现象，与墨迹大卷相比较，发现以下一些情形：

一、苏舜钦所补的一纸占正文几行，刻本上看不出，墨迹大卷跋中说是六行。即以这六行论，笔法与后边正文丝毫没有两样。可知苏氏只是根据另一个本子描摹的，而不是放手临写的。

二、邵周、王绍颜押尾二行在前。苏耆、李建中题三行次后，苏舜钦跋在最后。这是合理的。墨迹大卷苏耆、李建中三行反在邵王二行之前是不合理的。

三、真迹大卷中有许多宋印，宋刻本只有"建业文房之印"是刻帖的体制，当时不可能多摹刻藏印（明清汇帖也不能全摹藏印）。

四　根据以上情形，可以得出以下几项推断

一、苏舜钦的补全，只是据另一底本摹全的，而不是临写的。

二、墨迹大卷后现存的宋人各跋，曾纡明说是跋的苏补本，可见它是苏本原有的。

三、墨迹大卷正文是另一个摹本，押尾次序摹颠倒了，大概是为就原纸空处，挤入三行，没顾到顺序的不合。

四、墨迹大卷摹法极精，飞白乾笔，神彩生动，而全卷正文，使转弯曲处，又有迟钝之感。

五、苏氏本笔笔与真迹本相合，虽说经过刻石，打了折扣，但它每笔的轨迹全都毫无逾越处，迟钝处也同样，大概苏家本也仍是一个摹本。真迹大卷，早入《石渠》，谢希曾不可能见到，谢氏重刻还能体现宋刻的面貌，而两本正文竟很少差异处，可说各有所长，足以互相验证。

六、墨迹中许多宋人藏印，不能以宋刻未摹入，便认为墨迹卷中的宋印一概毫无根据。

七、大约在文征明以前，有人分割苏本后宋人各跋，装在今天这个墨迹大卷之后，以提高它的声价。苏家本既有苏跋，不待其他宋跋已自使人可信了。于是苏家原卷、另一摹本（墨

迹大卷）、苏卷后的宋人原跋，三部分重新组合，而苏卷原迹今天都只剩下重刻本了。

八、经过以上的分析，我们应该对这一大卷重新正名，只称它是"墨迹大卷"了。

五　苏卷原跋改配另一卷后引起的余波

古法书在收藏家手中，便是他的财产。凡有这种财产的人，不是有钱的就是有势的，被请来鉴定、题跋的人，谁又肯轻易地批评真伪，惹人不快呢？所以若干名人题跋的古书画有种种遁词，或故意露些马脚，使内行的观者，可以"心照不宣"地领略出跋者的不负责任。这在只有财势的收藏家往往是不会了然的。在墨迹大卷上发生疑问的，有明人也有清人。明文征明、詹景凤、文嘉，清高士奇，都曾不同角度、不同程度地玩弄曲折手法来表示怀疑，分述于下：

文征明说：

> 此帖（指墨迹大卷）前六行纸墨微异，隐然有补处，而乃无此跋（指苏舜钦跋），不知何也？

按苏跋说"一纸縻溃，不可缀缉"，不是补几个窟窿的事。又提出既叫作苏家本，又无苏跋，疑问已很明显了。

詹景风说：

> 怀素《自叙》，旧在文待诏（按即文征明）家。吾歙罗舍人龙文幸于严相国（按即严嵩），欲买献相国，托黄淳父、许元复二人先商定所值，二人主为千金，罗遂致千金。文得千金，分百金为二人寿。予时以秋试过吴门，适当此物已去，遂不能得借观，恨甚。后十余年，见沈硕宜谦于白下，偶及此，沈曰：此何足挂公怀，乃赝物尔。予惊问，沈曰：昔某子甲，从文氏借来，属寿丞（按即文彭，文征明的长子）双钩填朱上石。予笑曰：跋真，乃《自叙》却伪，奚为者？寿丞怒骂：真伪当若何干？吾摹讫掇二十金归耳。大抵吴人多以真跋装伪本后，索重价，以真本私藏，不与人观，此行径最可恨。

詹景风在此后又接写道：

> 二十余年为万历丙戌，予以计偕到京师。韩祭酒敬堂语予：近见怀素《自叙》一卷，无跋，却是硬黄，黄纸厚甚。宜不能影摹，而字与石本毫发无差，何也？予惊问今何在？曰：其人已持去，莫知所之矣。予语以故，谓无跋必为真迹。韩因恨甚，以为与持去也。（《詹东图玄览编》）

此两条说得最直截了当，因为私人笔记可以无所顾忌。但他以为纸厚的那一卷必是真迹，这就未免出于揣测了。今文彭摹刻本已不可见，我颇怀疑墨迹大卷后边的墨拓小楷文征明跋，是从文彭摹刻本上割来的。

文嘉说：

> 怀素《自叙帖》，一旧藏宜兴徐氏，后归陆全卿氏，其家已刻石行世。以余观之，似觉跋胜。(《钤山堂书画记》)

"似觉跋胜"，措辞多么巧妙！换句话说，即是"正文不真"。文嘉鉴定的是查抄严嵩家藏书画。抄的东西，都要归官，所以他也不敢直说。

高士奇跋说（原跋冗长，这里只摘取要点）：

> 一、今前六行纸色少异，然亦莫辨其为补书，正是当时真迹。
>
> 二、王峰徐公（按即徐乾学）积总裁堂巽银半千得之。
>
> 三、其纸尾第四跋崇英副使知崇英院事兼文房言检校工部尚书王绍颜当是南唐人，失绍颜二字。
>
> 四、余所藏宋拓秘阁本有之（按指"绍颜"二字）。

前六行纸色既然"少异"，又看不出补书的迹象，便要定为"当时真迹",像是抬高了一层,其实便连"是苏家本"也否定了。

王绍颜的名字,在墨迹大卷中残失"绍颜"二字,他据他藏的宋拓秘阁本知为"绍颜"二字,提出根据,还算应该。但他说王绍颜"当是南唐人",他忘了前一行邵周押尾的行首明明白白地写着"升元四年",何用"当是"揣度。

康熙时徐乾学的势力极大,高士奇依附他,捧场还唯恐不及,何能直接指出其疑窦,他没想到慌张中出了"当是南唐人"的笑柄。

六　小　结

考证怀素《自叙》苏家本、宋人诸跋、墨迹大卷的种种关系和各项问题,是文献方面的事;哪一本钩摹得灵活,临学的人参考哪一本容易入手,是艺术方面的事。平心而论,墨迹大卷的艺术效果远胜于石刻本,这是有目共睹的。但其中被苏家本、补纸等等问题搅得莫名其妙,苏氏跋又看不着,愈发增加了观者的猜想。今天印出苏家本的真影,不但这桩公案大白,而墨迹卷的艺术上的参考价值也愈可以得到公正的评估。石刻本与墨迹本合观,怀素全卷草书笔画轨迹的强处、弱处也可得到密合的印证了。

现在我个人所知《自叙》的本子还有几个:一、明人翻刻

《淳熙秘阁续帖》中有一本没有南唐押尾和苏舜钦跋。(谢刻所据，唐顺之、高士奇藏和谢希摹刻的本子何以知为秘阁本和淳熙时刻，已不可究诘。)二、日本影印半卷摹本墨迹。三、《莲池书院帖》刻一卷，全是放笔临写的，与怀素无关。四、四川大学藏竹纸临本半卷，与莲池本一类。五、其他单刻本字形有据，源流不详的，可不计了。

　　附识：我在一九八三年曾写了一篇《论怀素〈自叙帖〉墨迹本》，发表在《文物》本年第十二期上，起草匆忙，笔舌也实在冗蔓。后来用墨迹本和石刻本并列临摹，发现墨迹本确实比石刻本精彩，这原是法书传本的通例，但苏本面目也亟须鉴家共赏。所以重加修改，写成此稿，再求读者指教！

一九九一年五月廿五日

八

从《戏鸿堂帖》看董其昌对法书的鉴定

　　古代没有影印技术，书画鉴赏家只得用文章记录下所见所藏的书画作品。今存古代对书画的记录，最早的有《贞观公私画史》，其次较详细的像《宣和书谱》《宣和画谱》，也不过是开列书画名目的账单，读者无从知道每件作品的面貌。米芾的《书史》《画史》等，则是夹有评论的账簿。到了清代高士奇的《江村销夏录》，始创详细记录书画之体例，但只能记录法书的正文、题跋、印章及名画的款字、题跋、印章，至于法书的笔法、风格，名画的描绘技巧，书画的一切形状，都无法加以表达。

　　自从北宋淳化时正式摹刻十卷法帖《淳化阁帖》，若干古代字迹才得以本身的面貌呈现于读者眼前。后来陆续出现摹刻的法帖，有私人刻自家藏品的，也有私人搜罗、借摹所遇的名品的。这种法帖常有若干卷（册），所以常被称为"丛帖""汇帖"或"集帖"。清代把内府所藏的古代法书摹刻成《三希堂帖》三十二卷、《墨妙轩帖》四卷，这无异于把《石渠宝笈》中法书部分的佳品向人展出。虽然看不到原迹上的一切细节，但至少字迹的书写形状还不太差。

所说私人刻帖，明代最著名的有文征明的《停云馆帖》、董其昌的《戏鸿堂帖》、明末清初冯铨的《快雪堂帖》等等。这些丛帖所收的底本，未必都是真品。冯刻的自藏之品居多，文、董刻的则明白显示是陆续搜罗借摹而来的，当时流行即很广，学书法的人见善即学，很少有人作详细评论的。至近代张伯英先生撰《法帖提要》，才有了最有系统的评帖专著。

法书摹刻成帖，等于有形的账簿，观者可以从笔迹风格上看它们的真伪优劣。一家所藏的可以看出藏者的鉴赏水平，有钱有势的藏家，多半不可能再有太高的鉴赏眼力和考订的知识。至于有学问、有修养的书画家像文、董诸人，选择底本时，应该有别于"好事家"的盲目乱收。我们也见到过他们明明收了伪品，例如《停云》收唐李怀琳草书《绝交书》，这是李怀琳伪造王羲之帖；由于李怀琳的书法水平本已很高，即算他个人的作品也值得宝贵，这不能算误收伪帖。又如《戏鸿》收的米芾《蜀素帖》，是一个钩摹的"复制品"，但刻拓出来的效果，也足以表达米字的形态。如果不是董氏自己在真迹卷内提出这件事，谁也无从看出《戏鸿》所刻的底本是一个"复制品"。这类情况，可以说是"虽伪亦真"或"虽伪亦佳"。

文、董二人都是大书家，都有湛深的学问和精美的书艺，都有鉴定的修养。文氏没留下什么专评书画的著作,《停云》帖中也没有很多的题识评语,《停云》帖中伪品也不太多。董氏则不但有《容台别集》等等评论书画的专著,还在法书名画上随手题跋以评论真伪优劣,这是与文氏不同处之一;董氏的官职高、名声大,当时所写对古书画的评论真可说"一言九鼎",后世更是"奉为圭臬",至于他所评判的是否都那么准确无误,则属另一回事。当时人固然不敢轻易怀疑他;清初康熙皇帝又喜爱并临习他的字,在康熙一朝时,书法风格几乎全被"董派"所笼罩,这时其人虽逝,余威尚在,也就依然没有人敢怀疑他。其人生存时"居之不疑",去世后还能"在邦必闻",他刻的《戏鸿堂帖》也就无人细核其各件底本的真伪了。

在三百年前的时代,用手工摹刻各种法书,绝非短促时间所能完成。一部丛帖中的许多件底本,也非同时所能聚集。主持编订的人如文氏、董氏,也绝非同时或短时便可决定全部底本的选择。那么刻帖的过程中,可能经历了一个人半生的时间。一个人的见解,前后会有差异,眼力也会有进退。一部大丛帖中夹杂了伪迹,并不奇怪,而且也是情理之中的事。但董其昌的《戏鸿堂帖》是他成名后所刻,出现了明显的失误,就不能不负鉴定眼力不高和学识不足的责任了,至少也要算粗心大意的!下面举帖内几件失误为例:

一、拼凑失误。卷三刻王献之《十二月割至帖》四行半,接着又取王献之《庆等已至帖》，去其起首"庆等"二字，续在下边。董氏自跋说："宝晋斋刻此帖，'大军'止，余检子敬别帖，自'已至'至末，辞意相属，原为一帖，为收藏者离去耳。二王书有不可读者，皆此类也。"

按《十二月割至帖》中字体，绝大多数是行书，三十二字中只有"复""得""如何""然""何"六字是草体。所补二十一字自"已至"以下全是草体，并无行书。古代书疏，本有行草相杂之作，但少有自一半之后全用另外一体之例。此两半拼合之后，前后风格迥异，更极明显。又"大军"与"已至"之间空缺二字，曾见旧拓本，空处原有两字，后被刮去，刮痕尚清晰可见。后拓便全磨平，拓出便成完全黑色。《戏鸿》原有两次刻本，初刻是木版，再刻是石版，大约石版刻时，即只成空地，不见刮痕了。所谓"子敬别帖"乃《淳化阁帖》卷十中一帖，行首开端是"庆等已至"，《戏鸿》初刻即把"庆等已至"推移到行中，顶接"大军"之下，后来发觉"庆等"二字不能上接"庆等大军"，才将下半的"庆等"二字刮去，"大军"和"已至"虽然接上了，但中间却空了二字，如果有人问董氏，下半的"庆等"二字哪里去了？也能说是"收藏者离去"的吗？风格全不调和，一望可见，又属何故？

董氏在《中秋帖》墨迹卷尾又跋云："又'庆等大军'以下皆阙，余以《阁帖》补之，为千古快事……古帖每不可读，后人强为牵合，深可笑也。"现在看《戏鸿》所刻，真不知快在何处。所谓"可读"，只有补后的"大军已至"四个字可连，上下其他字句，实在不知说的是什么。究竟是谁"强为牵合"，又是谁"深可笑也"呢？

二、不管避讳缺笔。卷八刻草书《景福殿赋》，董氏自写标题"孙虔礼书景福殿赋"，帖是节摹的，自"冬不凄寒"至"兆民赖止"部分。其中"玄轩交登"的"玄"字缺末笔，因为是草书，连笔带过，不太明显，按全文中"眩真""不眩"都明显缺末笔，"玄轩""玄鱼"的"玄"也是不写末笔；"列署"的"署"字缺最下边的"日"字；"增构"的"构"字，缺右下边二小横画；"克让"的"让"字缺末笔一捺。凡此各字，都是明明白白的宋讳，难道孙过庭能预先敬避后一朝代的"圣讳"吗？这分明是一卷南宋人的草书，作伪的人伪造曾肇的题跋，冒充孙过庭的笔迹而已。

三、既不管避讳的改字，又公然诬蔑他人。卷七刻草书庾信《步虚词》等，帖前董氏自书"张旭长史伯高真迹"标题一行，帖文是几首五言古诗，第二首开端是"北阙临丹水，南宫生绛云"。按庾原文是"北阙临玄水，南宫生绛云"。宋真宗大中祥符五年十月戊午梦见他的"始祖"告诉他说自己的名字叫"玄朗"，次日早朝他告诉大臣，并令天下避讳这两个字（见宋李攸《宋朝事实》卷七）。古代避讳或用代字或缺笔，这里把玄水改写为丹水，就是代字。古代把五行分属四方，东方属木，是青色；西方属金，是白色；南方属火，是红色；北方属水，是黑色；中央属土，是黄色。这卷草书的写者把"玄水"改为"丹水"，下句仍旧是"南宫生绛云"，岂不南北二方都属火，都成红色了吗？这当然是一位宋代书家在大中祥符五年十月以后所写的。铁证如山，董氏不注意也就罢了，却又在所刻帖尾题跋一段，说：

> 项玄度出示谢客（"客"是谢灵运的小字）真迹，余乍展卷即命为张旭，卷末有丰考功跋，持谢书甚坚。余谓玄度曰："四声始于沈约，狂草始于伯高，谢客时都无是也。其东明二诗乃庾开府《步虚词》，谢安得预书之乎？"玄度曰："此陶弘景所谓元常老骨，更蒙荣造者矣。"遂为改跋。文繁不具载。

这一段话，极不诚实。按此帖第十九行是"谢灵运王"四字，恰在一纸之尾，第二十行是"子晋赞"三字。在归华夏之前，"谢灵运王"一纸被移在卷尾，因"王"字最上一小横写得太短，可以令人误看作草体的"书"字，大约从前有人故意骗人，这样可以冒充谢灵运所书的字迹。华夏请丰坊（即董其昌所称的丰考功）鉴定，丰氏跋中即指出这些矛盾，主要是谢灵运不可能预先写庾信的《步虚词》。至于是谁的笔迹，他猜测可能是贺知章，但仍不敢作确定结论，并无"持谢书甚坚"的任何表示。丰氏自写跋语之后，又有一段失名人用文征明风格的小楷重抄丰跋一通。后边便是董其昌的跋语，只猜测是谁所写的。他认为"狂草始于伯高"，即定为张旭（字伯高）所书。此卷现藏辽宁省博物馆，有许多影印本。董其昌刻《戏鸿堂帖》时，大约认为一般人看不到原卷，自然不会知道丰坊是怎么鉴定的，便说他"持谢书甚坚"，然后显出自己眼力之高明。董氏不知自己的话，已犯了逻辑上的毛病：狂草始于张旭，不等于凡是狂草体的字迹便都是张旭所书，好比说仓颉造字，于是凡是字迹便是仓颉所书，岂非笑柄！

我们现在看看丰坊主要还有哪些论点，他说："按徐坚《初学记》载二诗连赞，与此卷正合。"这是丰氏首先指出是庾信的诗赞，不是谢灵运的作品；接着丰氏还辨别"玄水"不能是"丹水"。关于书者可能是谁，丰氏以为唐人如欧、孙、旭、素皆不类此，"唯贺知章《千文》《孝经》及《敬和》《上日》帖气势仿佛"。这是他不相信谢灵运书的正面论断。丰氏还从周密的《云烟过眼录》中看到记载赵兰坡（与勤）藏有贺知章《古诗帖》，曾猜想到"岂即是欤"？但丰氏最后还是持存疑的态度说："而卷后亦无兰坡（赵与勤）、草窗（周密）等题识，则余又未敢必其为贺书矣。"难道这种客观存疑的态度便是"持谢书甚坚"吗？更可笑的是董其昌把丰氏自书跋尾后边那篇用文征明小楷字体重抄的丰跋认作文征明的跋，在他自我吹捧的那篇跋尾中说："丰考功，文待诏（征明）皆墨池董狐，亦相承袭。"所谓"承袭"，即指共同认为是谢灵运书，这种无中生有的公开造谣，至于此极，竟自骗得鉴赏权威的大名，历三百年而不衰，岂非咄咄怪事。

四、把临本《集王羲之圣教序》认为是怀仁刻碑的底本。卷六刻《圣教序》一段，自"皇帝陛下"至"比其圣德者哉"，行笔比碑上刻的流畅些，也油滑些，字比碑字略小，是出于某人用黄绢一手所临。刻帖收好手临本，本无妨碍，但董氏据这卷临本即指碑上字是怀仁习王羲之字体而成，便又发生了逻辑的错误。董氏跋中否定宋代人记载怀仁集摹王字成文刻碑的事，根据是，他藏的这卷临本比碑上字"特为姿媚"。并说他藏有《宋舍利塔碑》，署款是某人"习王右军书"。我得到一本宋大中祥符三年建的《汧阳县龙泉山普济禅院碑》，书者是"京兆府广慈禅院文学沙门善儁习晋右将军王羲之书并篆额"。不知是董氏随手误书"禅院"为"舍利塔"，还是另有舍利塔碑。如非笔误，则可见宋人"习王书"写碑的很多。我们已知宋代"集王书"的碑不止一个，虽然摹刻的远逊《圣教序》《兴福寺碑》，但毕竟和"习王书"的并不相同。按"习书"正如画家题"仿某人笔意"，怎能说"习"当"集"解释呢？又"集句诗"怎能解为"习句诗"呢？宋人自称"习王书"，正可见书家的忠实，绝不以仿学冒充"集字"，董氏随便造谣，竟至捏造训诂，真可谓无理取闹了！我曾见两本宋拓碑本《圣教》有董氏题，都搬出他藏的这卷黄绢临本，来判断碑上刻的字是怀仁一手所写，不是逐字摹集而成的。但我们看碑上有许多相同的字，不但字形一样，大小分寸一样，即破锋贼毫处也一样，试问放手自写，能够那么一致吗？董氏有些措词闪烁的地方，好像说碑上的字即自这卷上摹出，再量度字形分寸，碑上的大些，卷上的小些，那么刻碑时又是怎么逐字放大的呢？总之，怀仁集字，实在巧妙，不免令人发生疑问，以为是怀仁一手所临。又怀仁所集有许多王羲之的"家讳"字（如"旷"字、"正"字），王羲之不可能自己写，怀仁又从何处集来的？退一步说，怀仁所集，即使掺有伪迹，也不会是摹自董氏所藏的这一卷，这是绝无疑义的。

五、楷书《千字文》不是欧阳询的原迹。卷四刻楷书《千字文》，后有南宋末叶书家金应桂的题跋，说："右率更令所书千文，杨补之家藏本，咸淳甲戌岁九月三日，钱唐金应桂。"按金应桂字一之，擅长楷书，今传姜夔《王献之保母砖志》长跋卷每纸都有金应桂的印章，即是金氏手录本。还有廖莹中所刻世彩堂本《韩昌黎集》《柳河东集》，相传都是金氏手写上板的。那些字迹，都和这本《千字文》非常相似。《千字文》中没见宋讳，金应桂名下也没有"临"字，使人不免疑惑这本《千字文》已是从金氏临本上再摹出的，所以宋讳添全了缺笔，金氏名下删去了"临"字。即使退几步讲，这本果然是杨补之藏的原本，但拿它和《九成宫》《皇甫诞》《温虞公》《化度寺》诸碑比起来看，真如幼儿园中的小孩和"千叟宴"中的老人站在一起，老嫩悬殊，不难有目共睹。

六、其他笔迹风格有疑点的。《戏鸿》帖中所刻的名家字迹还有许多风格不相近的，前举欧阳询《千字文》之外，还有《离骚》。褚遂良的帖如《乐志论》《帝京篇》等，虽然没有充足的证据，也可存疑。至于张旭的《秋深帖》"秋深不审气力复何如也"等字，世传有米芾临写本，比此帖笔力遒劲流畅得多。当然米氏临古帖，常比原帖生动，像《宝晋斋帖》所刻米临王羲之诸帖，就比刻本王帖精彩。但《戏鸿》所刻《秋深帖》中许多字极似赵孟頫，张旭帖像起赵孟頫来，就未免有些奇怪了。还有米芾的《易义帖》也漏洞很多，书法艺术水平很差，不用多加比较，只和《戏鸿》帖中所刻其他米帖对看，其结字用笔的不合米氏分寸处，即已不胜枚举，这里也不必详说了。

董氏刻《戏鸿堂帖》的马虎，还在当时留下过笑柄。沈德符所撰的《万历野获编》卷二十六"小楷墨刻"条曾记一事说："董玄宰刻《戏鸿堂帖》今日盛行，但急于告成，不甚精工。若以真迹对校，不啻河汉。其中小楷，有韩宗伯家《黄庭内景》数行，近来宇内法书，当推此为第一。而《戏鸿》所刻，几并形似失之。予后晤韩胄君（即其长子）诘其故。韩曰：'董来借摹，予惧其不归也，信手对临百余字以应之，并未曾双钩及过朱，不意其遽入石也。'因相与抚掌不已。"按韩宗伯名世能，其子名朝延。沈氏所记"数行""百余字"未确，实为十七行，殆记述时回忆有误。今天我们不能因其字数有误便疑此事是虚构的。

　　总之，董其昌官职高，名气大，书法和文笔都好。评书论画有专著，古书画上也多有题跋，于是即使偶有失误，也没有人敢于轻易怀疑，更谈不上提出指摘了。现在古代法书陆续公之于世，有不少的影印本流传，欣赏法书的人获得很多的比较机会，于是董氏所刻的《戏鸿堂帖》中的问题也就逐渐被人发现。除了乱拼王献之帖、硬把"集"字解为"习"字、捏造丰坊的言论外，其他差错都可算容易理解的，这对于他做一派的"祖师"还是并无太大影响的。

九

从河南碑刻谈古代石刻书法艺术

最近，我国应日本的邀请，选择河南省保存着的汉画像石和古代碑刻的部分拓本，到日本展出。这些都是具有代表性的精美作品。现在就其中碑刻部分谈一谈古代的石刻书法艺术。

石刻文字，是中国历史文化中的一大宗宝贵遗产。在中国的古代石刻文字中，碑志占了绝大多数。人们常常统称为"碑刻"。这种碑刻遍布全国各个地区，从中原腹地到遥远的边疆，几乎没有哪一个省、区没有的。

这些古代的碑刻，绝大多数是历代封建统治者按照他们的需要而写刻的。它的内容，我们自然需要批判地对待。但是，它也保存了不少有价值的古代阶级斗争和生产斗争的历史资料。更普遍为人重视的，是由这些碑刻保留下来的极其丰富的古代书法艺术。我们试看宋代欧阳修的《集古录》。这是古代著录金石最早的一部书，其中固然谈到了有关史事、文辞等等方面，但有很多处是涉及书法的。又如清末叶昌炽的《语石》，是从种种角度介绍古代石刻的一部书，其中谈到时代、地区、碑石的形状、所刻的内容、书家、字体以及摹拓、装裱，可称详细无遗了。但在卷六的一条中，作者说：

> 吾人搜访著录，究以书为主，文为宾……若明之弇山尚书（王世贞）辈，每得一碑，惟评骘其文之美恶，则嫌于买椟还珠矣。

可见他收藏石刻拓本的动机，仍然是从书法出发的。

中国自商周至现代，各种书法一直在发展、变化、革新、进步。从形式方面讲，有篆、隶、草、真、行种种字体。在艺术风格方面，各个不同时代乃至各个不同的书家又各有其特点，这便构成了书法艺术史上繁荣灿烂的局面。可是，由于年代的久远，这些书法的真迹存留到今天的已经极少，有些只有从一些碑刻中才能见到它们的面目。所以，碑刻不但是珍贵的历史文物，而且是一座灿烂夺目的艺术宝库。

特别值得提出，在看碑刻的书法时，常常容易先看它是什么时代、什么字体和哪一书家所写，却忽略了刻石的工匠。其实，无论什么书家所写的碑志，既经刊刻，立刻渗进了刻者所起的那一部分作用（拓本，又有拓者的一部分作用）。这些石刻匠师，虽然大多数没有留下姓名，却是我们永远不能忽略的。

古代碑刻写和刻的过程是：先用朱笔写在石面上（因为石面颜色灰暗，用朱笔比较明显），称为"书丹"；然后刻工就在字迹上刊刻。最低的要求是把字迹刻出，使它不致磨灭；再高的要求便要使字迹更加美观。因此，书法有高低，刻法有精粗，在古代碑刻中便出现种种不同的风格面貌。这种通过刊刻的书法，一般有两种类型：一种是注意石面上刻出的效果，例如方棱笔画，如用毛笔工具，不经描画，一下绝对写不出来。但经过刀刻，可以得到方整厚重的效果。这可以《龙门造像》为代表。一种是尽力保存毛笔所写点画的原样，企图摹描精确，做到"一丝不苟"，例如《升仙太子碑额》等。但无论哪一类型的刻法，其总的效果，必然都已和书丹的笔迹效果有距离、有差别。这种经过刊刻的书法艺术，本身已成为书法艺术中的另一品种。它在书法史上，数量是巨大的，影响是广泛而深远的。

河南地区，是殷、东周和后来的东汉至北宋王朝的政治文化中心，这里留下的碑刻也是比较丰富的。按碑刻的种类，随着它的内容和用途本有多种，但其中主要以碑铭、造像记、墓志铭为大宗。下面所谈河南地区自汉至元的各体书法，即从笔写与刀刻结合的效果来考查。所举的例子，也涉及展品以外的碑刻。

古代碑志，在元代以前都是在石上"书丹"，大约到元代才出现和刻帖方法一样的写在纸上，摹在石上，再加刊刻的办法。古代既然是直接写在石上，那么原来的墨迹和刻后的拓本便永远无法对照比较了。相传曹魏《王基碑》当时只刻了一半就埋在土中，清代出土时发现另一半还是未刻的朱笔字迹，这本是极好的对照材料。但即使这半个碑上朱书字迹幸未消灭，也仍然不能代替其他石刻的比较研究。所以我们今天做这方面的研究，只好就字体风格相近的古代墨迹和石刻作品来比较了。

在河南的碑刻中，篆、隶、草、真、行五种字体都各有精品。下面试按类作初步的评述：

篆类中所谓"蝌蚪"一体，原是"古文"类手写体的，它的点画下笔重，收笔尖，这在《正始石经》中的"古文"一体表现得最突出。但我们从近代出土的许多殷代甲骨、玉器上朱笔、墨笔书写的字迹和战国竹简上墨写的这类"蝌蚪"字迹来比较，不难看到《正始石经》上的"古文"笔法灵活变化的方面，当然有不如墨迹的地方，但每字之间风格是那么统一，许多尖锋的笔画，刻在碑石上，经过多年的风雨侵蚀和捶拓磨损，仍然不失它的风度，这不能不使我们钦佩这些写者和刻者手法的精妙。

至于"小篆"一体的特点，在于圆转匀称。它的点画，又多是一般粗细。写的碑版中，似乎不易表现什么宏伟的气魄，其实并不如此。例如《袁安碑》，即字形并不写得滚圆，而把它微微加方，便增加了稳重的效果。这种写法，其实自秦代的刻石，即已透露出来，后来若干篆书的好作品，都具有这种特点。像《正始石经》中小篆一体，也是如此。后来的不少碑额、志盖，这种特点常常是更为突出。河南石刻中还有特别受人重视的一件篆书，即是李阳冰所写《崔佑甫墓志盖》。李氏是唐代篆书大家，被人称为可以直接替代李斯笔法的。唐人贾耽题李阳冰碑后云：

（李）斯去千载，（李阳）冰生唐时，冰今又去，后来者谁？后千年有人，吾不得知之；后千年无人，当尽于斯。呜呼郡人，为吾宝之！

可见他的篆书在当时声价之高。但他传世的篆书碑版，多数已经磨损，或经翻刻。这件崭新的志盖，却是光彩射人，笔法刀法都十分精美。传世李阳冰的篆字，以福州《般若台题名》为最大，以张从申书《李玄静碑》中"李阳冰篆额"款字一行为最小，至于北宋的《嘉祐二体石经》，里边"小篆"一体，和《李碑》那几个字大小相等，而它的气势开张，并不缩手缩脚，这比之李阳冰，不但并无逊色，而且是一种新的境界。《嘉祐二体石经》的篆书中有章友直所写的一部分，我们再拿故宫所藏唐人《步辇图》后章氏用篆书所写的跋尾墨迹来比，更觉得石刻字迹效果的厚重。从前讲书法的人，常常以为后人赶不上前人，现在从《袁安碑》《崔佑甫墓志盖》到宋石经来看篆书的发展，分明见到后者未必逊于前者。对旧时代的评书观点，正是一个有力的反驳。同时也算给那位贾耽一个满意的答复，即"后千年有人"！

隶书，最初原是小篆的简便写法。把圆转的笔迹，改成方折。原来连续不断处，大部分拆开；再陆续加工。点画都具备了固定的样式和轻重姿态。这便是今天所见的"汉隶"。河南原有许多汉碑，像《孔宙碑》《韩仁铭》等，常为书家所称道，但解放后出土的《张景碑》从书法艺术水平上讲，实属"后来居上"。按汉隶字体的点画，多是在定型中有变化，因字立形，并没有死板的写法，又能端重统一。今天我们看到的汉代简牍墨迹极多，也有许多和某些碑刻字体一致的，但它们之间的艺术效果，是究竟有所不同的。往下看去，曹魏时的《受禅表》《上尊号碑》等，便渐趋方整，变化也比较少了。这大概是因为这个时期日常通用的字体，已渐渐进入真书（又称"今隶""正书""楷书"）的领域，汉隶是在特定的场合应用的，所以也是作为一种特定的字体来书写的。到了晋代人所写汉隶字体，又有变化，大的像《三临辟雍碑》，小的像《徐义墓志》那一类的晋隶，虽然笔画比较灵活，但似用一种扁笔所写，这大概是为了达到某种效果而改制了书写工具。到了唐代，隶体出现了一次大革新，它的点画尽力遵用汉碑的笔法，要求圆润而有顿挫。结字比汉隶稍微加高，多数成为正方形。在用笔和结体上，都成为唐隶的特有风格。后世喜好"古朴"

风格的，常常轻视唐隶。但一种字体，随着时代的变迁，是不能不变的。自汉代以后，各时代都有新的探索。从具体的作品看，也有较优较差的不同。唐代人用隶书体，是使用旧字体，但能在汉隶的基础上开辟途径，追求新效果，不能不说是一种创新。我们试看徐浩写的《嵩阳观碑》和他的儿子徐珙写的《崔佑甫墓志》，这些碑和志的书法就给人以整齐而不板滞，庄严而又姿媚的感觉。如果按汉隶的尺度来要求唐人，当然不会符合，但从隶书的发展来看，唐隶毕竟算是一种创新。

草书原有"章草""今草"之分。"章草"是汉代人把当时的隶书简写、快写而成的。"今草"是晋代以来的人逐步把"真书"简写、快写而成的。章草不但字形结构和点画姿势与今草有不同，而字与字之间常常独立而不牵连，也是章、今差别中的一种突出现象。

草书到了唐代，已是今草的世界，唐人写章草本来只是模拟一种古体罢了。河南的《升仙太子碑》却有出人意表的现象。首先，用草体写碑文，在这以前是没有的，它是一个创例。其次，这碑上的草字从偏旁结构到点画形态都属于今草的范畴，而从前却有人误认它为章草，或说它有章草笔法，这是为什么呢？按这个碑文有横竖方格，每字纳入格中，因而字字独立，并无牵连的地方，便与章草的体势十分接近。再次是字形分寸比一般简札加大，又是写碑，用笔就更不能不特加沉重。最后看到刻工刀法的精确，每笔起伏俱在，拓出来看，白色一律调匀，那些光滑石面上墨色浓淡不匀的痕迹一律改观。我们试把日本保存着的唐代贺知章草书《孝经》和这个碑中字迹相比，可以看出二者之间是多么相似。但《孝经》的艺术效果却远远不如碑字的雄厚。这固然由于《孝经》字迹较小，墨色浓淡不匀，而碑字既大、又经刻、拓，所以倍觉醒目。可见刻工的作用，不能不列入每件碑刻艺术品的成功因素之内。

真书是从隶书演变来的。结构比隶书更加轻便，点画比隶书更加柔和。从较繁密的笔画中减削笔画，也非常方便，而其形体并不因减笔而有所损伤。端庄去写，便是真书；略加连贯，便是行书。在如此优越的条件下，真书一体从形成后直到今天，一直被用作通行的字体。

真书的艺术风格，每个时代都有不同，但在它作为一种特定的文字形态也就是一种"字体"来讲，成熟约在晋唐之间。

这种字体的艺术风格的发展，大体有两大阶段，一是南北朝到隋，一是唐代和以后。前一时期，真书的结构写法，逐步趋于定型，例如横画起笔不向下扣，收笔不向上挑，等等。但这时究竟距离用隶书的时间尚近，人们的手法习惯以至书写工具的制作方法上，都存留前代的影响较深，所以虽然是写真书，而这种真书字迹中往往自然地含有隶书的涩重味道，甚至还有意无意地保存着某些隶书笔画。我们仔细分析它们的艺术结构，是常常随着字形的结构而自然地来安排笔画的，例如，哪边偏旁笔画较多，便把它写密一点。并不把一字中的笔画平均分配，所以清代邓石如形容这类结体说："字画疏处可以走马，密处不使透风。"我们又看到北碑结字常把一个字的重心安排偏上，字的下半部常使宽绰有余，架势比较庄重稳健。再加上刻工刀法的方整，又增添了许多威严的气氛。这在北魏的碑铭墓志中是随处可见的。例如《嵩高灵庙碑》《元怀墓志》《元诠墓志》《龙门造像》以及宋代重摹的《吊比干文》等等，都可以充分地说明这一点。

清朝中叶以来，许多书家由于厌薄"馆阁体"的书风，想从古碑刻中找寻新的途径，于是群起研习北朝书法，特别是北魏的书法。包世臣著《艺舟双楫》更作了大力的鼓吹。当时古代墨迹发现极少，大家所能见到的只有碑刻，于是有人在北碑中经过刀刻的笔画上寻求"笔法"。例如包世臣在《艺舟双楫·述书上》里记述他的朋友黄乙生的话说："唐以前书，皆始艮终乾，南宋以后书，皆始巽终坤。"我们知道古代把"八卦"配合四方的说法是西北为乾，东北为艮，东南为巽，西南为坤。这里说"艮乾"，不言而喻是代表四角中的两个角，不等于说从东到西一条细线。譬如筑墙，如果仅仅筑一道北墙，便只说"从东到西"就够了，既然提出"艮乾"，那么必是指一个四方院的墙。这不难理解，黄氏是说，一个横画行笔要从左下角起，填满其他角落，归到右下角。这分明是要写出一种方笔画，但圆锥形的毛笔，不同于扁刷子，用它来写北碑中经过刀刻的方笔画，势必需要每个角落一一填到。这可以说明当时的书家是如何地爱好、追求古代刻石人和书丹人相结合的艺术效果。这种用笔方法的尝试，在包世臣的字迹中表现的还不够明显（黄乙生的字迹，我没见过），到了清末的陶濬宣、李瑞清等可说是这种用笔方法的实行者。后来有不少人曾对于黄乙生这种说法表示不同意，以为北朝的墨迹与刀刻的现象有所不同。但我们知道，某一个艺术品种的风格，被另一个艺术品种所汲取后，常使后者更加丰富而有新意。举例来说：商周铜器上的字，本是铸成的，后人把它用刀刻法摹入印章，于是在汉印缪篆之外又出了新的风格。又如一幅用笔画在纸上的图画，经过刺绣工人把它绣在绫缎上，于是又成了一种新的艺术品。如果书家真能把古代碑刻中的字迹效果，通过毛笔书写，提炼到纸上来，未尝不是一个新的书风。同时我们试看今天见到的北朝墨迹，例如一些北朝写经、北魏司马金龙墓中漆屏风上的字迹，以及一些高昌墓砖上的字迹，它们的笔势和结体，无不足与北碑相印证，但从总的艺术效果看，那些墨迹和碑刻中的字迹，给人的感受毕竟是不同的。

这里附带谈一下拓本的效果问题。我们知道，石刻必用纸墨拓出才能更清楚地看出字迹，那么一件碑刻除书者、刻者的功绩外，还要算上拓者和装裱者的功绩。至于古代石刻因年久字口磨秃，拓出的现象，又构成另一种艺术效果。世行影印清代杨澥旧藏的《瘗鹤铭》有何绍基题识二段说："覃溪（翁方纲）诗云：'曾见黄庭肥拓本，憬然大字勒崖初。'此语真知《鹤铭》，亦真知《黄庭》者。"按《黄庭经》字小而多扁，《瘗鹤铭》字大而多长，笔势也并非一路，翁、何二人何以这样比例？拿这两种拓本对看，也就憬然而悟，何氏所谓"真知"，只是真知它们同等模糊而已。明代祝允明、王宠等所写的小楷，即是追求一些拓秃了的"晋唐小楷"帖上的效果，因而自成一种风格。这些是古石刻在书写、刊刻之外，因较晚的拓本而影响到书法艺术创作和评论的例子。

到了唐代，真书风格渐趋匀圆整齐，在艺术结构上，疏密渐匀，上下左右也常以匀称为主。每个点画，出现有意地追求姿媚的现象。行笔更加轻巧，往往真书中带有行书的顾盼笔势。清末康有为在《广艺舟双楫》中特别提出"卑唐"一章，大约是嫌唐人书法的"古朴"风格不如北朝。但事物是发展的，唐人的真书我们无法否认有它的新气象。河南的碑刻中，如《伊阙佛龛记》的方严，《夏日游石淙诗》的爽利，《少林寺碑》的紧密，《八关斋记》《元结墓碑》的浑厚，如此等等，各有特殊的境界。回头再看北朝的字迹，又觉得不能专美于前了。

宋代的真书，除某些人的个人风格上有所不同外，大体上并未超出唐人的范围。但也不是没有新风格出现。例如《大观圣作碑》，把笔画非常纤细的"瘦金体"刻入碑中。与"大书深刻"恰恰相反，然而它却能撑得起碑面，并不觉得单薄，这固然由于书法的笔力健拔，而刀法的稳准深入也有绝大关系。

至于行书，自唐代僧怀仁所谓"集王羲之书"的《圣教序》出来以后，若干行书作品都受它的影响。即唐人"自运"的行书，也同样具有这种格调。这里如褚庭诲写的《程伯献墓志》便可算是唐代一般行书的代表。到宋代"集王"行书成了御书院书写诏令、官告的标准字体，被称为"院体"。于是苏米一派异于"集王"的字体，便经常出现在宋代碑刻中，也可以说是一种革新和对"院体"熟路的否定。

至于刻法刀工，到了唐宋以来比唐以前也有新的发展。刻工极力保存字迹的原样，如有破锋枯笔，也常尽力表现。当然这种表现方法与后世摹刻法帖来比，还是比较简单甚至可说是比较粗糙的，但从这点可以看到刻碑人的意图，是怎样希望如实地表现字迹笔锋的。所以唐宋碑中尽管有些纤细笔画的字迹，例如《大观圣作碑》，虽经八百多年的时间，却与古碑面磨损一层的例如隋《常丑奴墓志》旧拓本那种模糊效果绝不相同，这不能不说是刻法的一大进步。虽然说刻法这时注意"存真"，但我们如果把唐人各种墨迹和碑刻拓本来比，它的效果仍然不尽相同，这在前边草书部分里已经谈到。唐人真书流传更多，如果一一比较，真有"应接不暇"之感，现在举一件新出土的唐《程伯献墓志》来看。书者褚庭诲的字迹，我们除了在《淳化阁帖》中见到几行之外，这是一个新发现。这种行书体和旧题所谓《柳公权书兰亭诗》非常相似。但《兰亭诗》写在绢上，笔多燥锋，它的轻重浓淡处我们是一目了然的。而这个墓志刻本，当然无法表现燥锋，也不知褚氏原迹有没有燥锋，但志石字迹在丰满匀圆中却仍然表现了轻重顿挫。由此知道不但唐代书人写行书是非凡地擅长，而唐代石工刻行书也是异常出色的。只要看怀仁的《圣教序》、李邕《李思训碑》以至这个《程伯献墓志》等，便可以得到充分的证明。

最后略谈北宋的《十善业道经要略》和《嘉祐石经》中的真书部分，写的字体横平竖直，刻的刀法也方齐匀整，这样写法和刻法的风格，已开了"宋版书"的先路，这是时代风气所趋，也不妨说宋代刻书曾受这种刻碑方法的影响。我们从这里可以看到今天每日印刷若干亿字的"宋体字"，是怎样从晋唐真书中发展而来的，这也是字体、书法的发展史上一项重要的资料。

十

说《千字文》

以"天地玄黄"为起句的《千字文》,名头之大,应用之广,在成千累万的古文、古书中,能够胜过它的,大约是很少很少的。只看它四字成句,平仄流畅,有韵易诵,没有重字(没有重复写法的字),全篇仅仅一千字,比《道德》五千言这本著名的"少字派"书还少着五分之四。它便利群众,启发童蒙。其功效明显,流传广远,难道不是理所应得的吗?

在它流传千余年的历史中,发生过或说存在着不少问题。有的问题"人云亦云","习而不察"。有的虽经人推论,而未得要领,也就"以讹传讹"。

大约在三十年代初,法国的伯希和氏发表过一篇考订《千字文》的文章,冯承钧先生把它翻成汉文,题是《千字文考》,发表在《图书馆学季刊》中(第六卷第一期)。伯氏着力在周兴嗣这篇《千字文》的撰写过程,并讨论流传各种本子的真伪,对所谓"王羲之书钟繇千字文"进行辨伪,费了很多笔墨。这本《千字文》见于明代《郁冈斋帖》和清代《三希堂帖》《壮陶阁帖》，近数年原卷出现，有影印本。这本《千字文》，首句是"二仪日月"，末句是"焉哉乎也"，中间全不成话。伯氏认为它是宋徽宗时人造的伪古物。其实书风还不够唐人，其为凭空捏造，望而可见，仔细考证，心力未免可惜。而其他有关《千字文》的问题，由于着力点不同，反倒未暇谈及。

我在五六岁时，正是家庭或私塾里仍念《三字经》《百家姓》《千字文》（所谓"三百千"）的时候，但我只念过《三字经》后就被授读别的书了。接触《千字文》，实从习字临帖开始。既是一字字地临写，就发现了许多异文。如"敕"或"敇"，"玄"或"元"，"召"或"吕"，"树"或"竹"，等等，不免发出哪个对、为什么不同诸多疑问。后来逐渐留心有关《千字文》问题的资料，随手摘记，又几经散失，只剩写在一本帖后的一些条。由于借书困难，一时无法再加查阅核对，就先初步写出这篇大纲性的小文。目的只是想说出我对这些问题的看法。遗漏和错误，自知不少，诚恳希望读者惠予指教。

周兴嗣《千字文》的产生

在南朝梁、陈（公元五〇二—五八九年）这不到一百年间，忽然有一股"千字文热"产生过至少四本（只说撰文，不论写本）。

一、萧子范本

《旧唐书·经籍志》："《千字文》一卷，萧子范撰；又一卷，周兴嗣撰。"又《梁书》卷三十五《萧子范传》："南平王……使制《千字文》，其辞甚美，王命记室蔡蔼注释之。"

二、周兴嗣本

《旧唐书·经籍志》著录紧次萧子范本之后，已见上文。又《梁书》卷四十九《周兴嗣传》："高祖以三桥旧宅为光宅寺，敕兴嗣与陆倕各制寺碑，及成俱奏，高祖用兴嗣所制者。自是《铜表铭》《栅塘碣》《北伐檄》《次韵王羲之书千文》，并使兴嗣为文。每奏，高祖称善。"又《隋书·经籍志》："《千字文》一卷，梁给事郎周兴嗣撰。"

三、失名人撰，萧子云注本

《隋书·经籍志》著录周兴嗣本后云："又《千文》一卷，梁国子祭酒萧子云注。"

四、失名人撰，胡肃注本

《隋书·经籍志》萧子云注本后接书："又《千文》一卷，胡肃注。"

当时还有梁武帝撰的《千字诗》。《陈书》卷十八《沈众传》："是时梁武帝制《千字诗》，众为之注解。"又《南史》卷

五十七《沈约传》："约孙众……时梁武帝制《千字诗》，众为
之注解。"记载这些为的是说明沈众的学识，而不是著录《千
字诗》。看《隋书》《旧唐书》的著录中，都已没有《千字诗》，
大约唐代已经亡佚无存了。既称为诗，是几言的？其他都称
文而不称诗，又为什么？我非常怀疑周兴嗣次韵，"次"的就
是梁武帝《千字诗》的"韵"，但这将永远是个"怀疑"而已
（记得唐初某类书中曾引梁武帝《千字诗》的零句，现已无暇
详检，即使查出，也解决不了这一篇的问题）。如果连梁武帝
《千字诗》算上，当时这种千字成篇的作品，就有五本之多了。

　　以上各条资料中，最不好懂的是"次韵王羲之书千字"。
这八个字可以作许多解释，事理上也有许多可能。例如：

　　一、王羲之写过千个字的韵语，周兴嗣依韵和作；

　　二、王羲之有千个零字，周兴嗣把它编排成为韵语；

　　三、周兴嗣撰了千字韵语，然后摹集王书把它写出，像怀
仁集《圣教序》那样；

　　四、周兴嗣次某篇文的韵成为此文，用王体字写出，因而
误传为王羲之书；等等。

　　总之，这八个字，与现传智永写本对不上。智永本上有
"勅"、有"次韵"，没有提出"王羲之书"。如果真是集王羲之
字而成，则应写出"集"字，如唐人集王书、金人集柳（公权）
书，以至集唐句、集杜句等等。问题在于周兴嗣撰、智永写
本的《千字文》究竟与王羲之书有关无关？次韵二字是编次成

为韵文呢，还是依某些韵字顺序押成的呢？

"王羲之书"和"次韵"问题

我们知道，每个故事都是愈传愈热闹。枝叶由少而多，已是普遍规律。《千字文》故事中有王羲之这个角色。除《梁书》外，还有较后的何延之《兰亭记》，载在张彦远《法书要录》卷三。张彦远为宪宗、僖宗之间的人，何氏当在中唐之世。《兰亭记》说智永禅师为王羲之七代孙，还说他："克嗣良裘，精勤此艺，常居永欣寺阁上临书……于阁上临得真草千文好者八百余本，浙东诸寺各施一本，今有存者，犹直钱数万。"不待详细交代，智永所临，当然是王羲之的字，那么智永所临《千字文》中的字样，即是王羲之的字样了。

其次是此后的韦绚所撰《刘宾客嘉话录》："《千字文》，梁周兴嗣编次，而有王右军书者，人皆不晓其始。梁武教诸王书，令殷铁石于大王书中撮一千字不重者，每字一片纸，杂碎无叙。武帝召兴嗣谓曰：'卿有才思，为我韵之。'兴嗣一夕编次进上，须发皆白，而赏赐甚厚。右军孙智永禅师自临八百本。"

日本圣武天皇死后，其皇后藤原光明子在天平胜宝八年（相当唐肃宗至德元年）把他的遗物献给东大寺卢舍那佛，记录的账簿，称为《东大寺献物帐》。其中有一段记载："书法二十卷拓晋右将军王羲之草书卷第一（下注：'二十五行，黄纸，紫檀轴，绀绫裱，绮带。'以下各条俱如此式）。同羲之草书卷第二……同羲之书卷第五十七（下注：'真草千字文二百三行，浅黄纸，绀绫裱，绮带，紫檀轴'）。今存二百零二行，前两行俱糜烂，想登账时其前只烂一行，至今则又烂一行矣。"

所谓"同"，指的是同为"拓"本。这里已抛开了智永，直说拓自王羲之，而归入了王羲之名下。《兰亭记》在《法书要录》中，仅次于徐浩有建中四年纪年的《古迹记》后，则还应晚于《献物帐》。但海外流传，耳治易多。略去智永，抬高声价，原是无足奇怪的。

可见王羲之这个角色在《千字文》故事中不但实有，而且曾霸占了"真草千字文"。于是《梁书》中那条矛盾，就被韦绚大肆弥缝，什么"为我韵之""编次进上"，把最费解的"次韵"二字，分别落到实处。但是事情果真就是这样吗？矛盾之处，并未能由此弥缝便得解决。症结所在，实为"次韵"二字，还值得探索下去。

按清初赵吉士《寄园寄所寄》卷四《撚须寄·诗原》中引《稗史》云：

> 梁武帝宴华光殿联句，曹景宗后至，诗韵已尽，沈约与以所余"竞、病"二字，景宗操笔而成……初读此，了未晓赋韵韵尽为何等格法。偶阅《陈后主集》，见其序宣

献堂宴集五言曰："披钩赋咏，逐韵多少，次第而用。"座有江总、陆瑜、孔范三人，后主诏得"迮、格、白、易、夕、掷、斥、折、唶"字，其诗用韵与所得韵次前后正同，曾不挽乱一字，乃知其说是先（此处疑脱"以"字）诗韵为钩，座客探钩，各据所得，循序赋之，正后世次韵格也。唐之次韵，起元微之、白乐天二公，自号元和体，古未有也，抑不知梁陈间已尝出此，但其所次之韵以探钩所得，而非酬和先唱者，是小异耳。

《稗史》不知谁撰，其他引《稗史》处有一条记正统间处州生员吟诗事，知其书为明人之作。所引《陈后主集》，张溥、冯维讷所辑本中已不见了。赵翼《陔余丛考》卷二十三"联句"条亦述此说，但未注出处。

至于"勅"，无疑是梁武帝所敕了。所次之韵，是按梁武帝《千字诗》的韵呢，还是另选韵字令周兴嗣去次呢，就无法知道了。宋人杨亿的《文公谈苑》所说"勅"为"梁"字之误，则纯属臆测，毫无根据。又梁武帝的千字叫作诗，别人的都叫作文，为什么，也无法知道了。

王羲之零字和智永写本问题

周兴嗣编《千字文》既与王羲之写的字有关系，那么是先有文还是先有字？"王羲之书千字"倘若真在撰文之前已有了，又何以那样巧，正有一千字都不重复呢？梁武帝固然收藏过许多王羲之的法书，挑出不重复的，难道恰恰正有一千字吗？其实现在文中也并不是完全没有不重复的字，而实有不同写法的重字，也有"借字"。摘出如下：

"絜"与"潔"　　"雲"与"云"
"崐"与"昆"　　"寶"与"寔"

在古书中不同的地方，曾被两用，但它们之间并非截然不同或意义悬殊的两个字。像《易经》里的"无"字，即是"無"字。如引《易经》把"无咎"写成"無咎"，当然算不准确，但一般使用这二字，并没有什么区别。因此《千字文》中上举的八个字，实际是不同写法的四个字，并不能算严格的不重复。又"银烛炜煌"的"炜"字，智永写本，真书作"瑋"，草书才作"炜"。按"炜煌"的"炜"，应是"火"旁，不应是"玉"旁，而文中真书部分用了个借字，可见当时王书千字中，实缺少火旁的"炜"；也可看出所集的王字，是以真书为主，而草书各字是相对配上去的，所以真书借字，草书不借。

哪里来的那么些方便的零字？即使果真是殷铁石集拓，但拓字细细描摹，不能很快办到。梁武帝要周兴嗣撰《千字文》，殷铁石立即能够拓出千字，那只是故事夸张。其实古代对名人法书实有平常编集单字的事，唐韦述《叙书录》（载在《法书要录》卷四）："开元十六年五月，内出二王真迹及张芝张昶等真迹，总一百五十卷，付集贤院，令集字拓进。寻且依文拓两本进内，分赐诸王。后属车驾入都，却进真本，竟不果进集字……其古本，亦有是梁隋官本者。"所谓"集字"，当是摹集单字，为了编成备查的"工具书"。宋人、清人编排汉隶单字，明人、清人又曾编排草字，清末人又曾编排楷字，都是查寻各字不同写法的工具书。开元中令集贤院拓进的"集字"，无疑即是这种性质的。又韦述总述唐代内府收藏许多件古代法书，谈到其中掺有"梁隋官本"（所谓"官本"可能指官藏本，或官摹本）。唐代摹拓法书既承梁隋旧法，集字之法自也未必是开元时始创。令我不禁想到怀仁集王字的《圣教序》，岂非就是得到这类集字呢？这次编集《千字文》的活动，如果不是先有了集字工具书，也许即是编集单字工具书的开始。又古人写字并非为后人集字预先准备的，每字大小岂能一律相近，《圣教序》中字的大小基本差不多，可见怀仁在放大缩小上作了手脚。由此也可明白智永写本《千字文》，无论是摹（指钩描）、是临（指按照字样仿写），每字大小相同，也必然是经过了加工手续的。怀仁加了工的《圣教序》既可被认为是王羲之书，那么智永加了工的《千字文》被题为"拓王羲之书"也就不足奇怪了。临王书也罢，拓王书也罢，智永写本的周兴嗣《千字文》应是这篇文今存的最早的本子，是毫无疑义的。

智永《真草千字文》写本、临本和刻本

一、智永墨迹本

流传下来的智永写本《千字文》，距今七十七年以前的人，只见过西安碑林宋大观年间薛氏摹刻本，捶拓年久，风采俱颓。一九一二年日本小川为次郎氏把所得到的一个墨迹本交圣华房（出版社名）影印行世，后有日本内藤虎次郎氏跋尾，从此许多人才见到一个可靠的墨迹本。内藤氏考订认为这即是《东大寺献物帐》中所谓"拓王羲之书""真草千字文二百三行"那一卷（现在已改装成册），所考极其正确。但内藤氏也有被一个字困扰处，即是那个"拓"字。《献物帐》上分明写着"拓"，自然应该是双钩廓填的摹拓所成，而这本笔画，却又分明是直去直来地写成的。保险些，说它是"唐摹"，再保险些，说它"摹法已兼临写"。七十七年前，可资比较的材料发现还不太多时，作此模棱两可之说，也实有可被理解处。

此后几年，上虞罗氏重印此本，后有罗叔蕴先生跋尾，便理直气壮地说它多力丰筋，实是智永八百本之一的真迹。从此时以至今日，智永的书写权愈来愈被确认了。

二、贞观十五年蒋善进临本

敦煌发现的唐初人临本残卷，今藏巴黎，纸本，自"帷房"真书一行起至"乎也"止，真草共三十四行。尾题真书一

行为"贞观十五年七月临出此本蒋善进记",只有一个真书字和几个草书字与日本藏本稍有小差别外,其余无一不似。在面对原本临写(不是影摹)的法书中,这已是极够忠实的了。重要的是草书"炜"字真书作"玮"字,与日本藏本完全一样,使我真要喊出"一字千金"了!

三、宋薛嗣昌摹刻本

陕西西安碑林中有一石刻本,为宋大观三年薛嗣昌所刻,其中各字都与日本藏墨迹本相同,有些宋讳字缺末笔,则是刻石时所缺。只有"炜"字真书不作"玉"旁。或是薛氏所据底本上所改,或是薛氏自作聪明,在刻石时当作"明显错字"所改,于是也"不出校记"(在跋中也不加说明以表示他改了字)。薛氏摹刻有功,却又功不掩过!

四、南宋《群玉堂帖》刻残本

南宋韩侂胄刻的《阅古堂帖》被查抄入皇宫,改名为《群玉堂帖》。其中刻了一个残本,自"囊箱"真书起,至"乎也"止真草共四十二行,后有智永小字款,是否蛇足,可以不论。"炜"字是否"玉"旁,已记不得。字迹与日本藏墨迹本十分一致,只是略瘦些,这是刻拓本的常情。此本在张效彬先生家,浩劫中被掠入一大官家,今失所在,也没留下影本。法书海盗,自古而然,真令人欲焚笔砚!

五、宝墨轩刻本

日本藏墨迹本后有杨惺吾先生跋尾，提到"宝墨轩本"，其本有影印本，首题"宝墨轩藏帖"，下刻朱文"山阴张氏世珍"长方印，次行题"唐智永禅师书"。大约是明末不学的坊贾所刻，字迹较弱，中多缺字未刻，似由底本损缺。真书"玮"字作"火"旁。"律召"召字真书缺，草书仍是"召"字。此本书法未佳，也无关考证。只因杨氏所曾提及，故为列出。

《千字文》各本中的异文问题

《千字文》在流传过程中，特别经过宋代，被"避讳"改字搞得乱七八糟。有的由于和讳字本字相同，有的由于是音近的"嫌名"，一律加以避改。或缺笔画，或用代字，那些字虽然很乱，但还有迹可循。只有一个"召"字被改为"吕"，最不易解。

"律召"作"律吕"的写本，最早见于怀素小草书写本，卷尾题"贞元十五年"，如果这卷是真迹，则"召"字改"吕"，在晚唐就开始了。但在词义的关系上，毕竟不合。《千字文》这里相对的两句是"闰余成岁，律召调阳"。按地球转行，古代阴历算法，一年三百六十日，总有余数，积累多了，够一个月，放在年末，号称"闰月"。又古代以竹制各种"律管"，对应各时的节气。管里放入葭灰，据传说到了立春，阳气初升，这相应的一个律管里的灰就自己飞出（说见《后汉书·律历志》)。这种引动的作用，叫作"召"。《吕览》十七"以阳召阳，以阴召阴"。综合看来，"律"与"闻"对，是名称，是实字；"召"与"余"对，是说明作用的，是虚字。如果作"律吕"，则是平行的双字词，与上句不能成对了。所以我总怀疑这个字也是宋人避讳"嫌名"而改的。宋代有一个祖先名叫"朓"，"朓"字从"兆"得声，与"召"音近又同部。唐代李贺家讳"晋肃"，他应进士科举，就有人以为他犯了讳。这种音近嫌名，无理取闹，本没有实理可讲的。不管"朓""召"的音究竟有别无别，即使有别，在要避时，还是不许不改的。有人反问：如按宋讳之说，则怀素小草书《千字文》又该怎么讲？回答是：如宋讳是实，则怀素字即假；如怀素字是真，则召字是宋讳说就不能成立了。谨待高明学者来判断吧。

宋讳见于薛氏刻本中的有：

玄（缺末笔） 让、树（缺末笔） 贞（缺末笔） 敬（缺末笔，后又被人补刻上，宋拓本缺笔） 匡（缺末笔）

又绍兴二十年御书院中人写的行书《千字文》一本，刻入《三希堂帖》，误题为宋高宗，原迹有影印本。其中改字最多，列举如下：

玄（改作"元"） 召（吕） 让（逊）

殷（商） 树（竹） 贞（清） 竟（磬）

桓（齐） 匡（辅） 恒（泰） 纨（团）

丸（弹） 朗（晃）

只有"敬"字找不出合适的仄声字来代替，就用缺笔办法了之，可谓"技穷"了。

还有智永写本中"温凊"的"凊"字写成三点水旁作"清"，与《曲礼》的"凊"字不合。按北魏正光年间的《张猛龙碑》"温凊"的"凊"字也作"清"，可见南北朝时，"温凊"一词，还是写"清"读"凊"，比唐碑和宋版《礼记》作"凊"的早得多多！

余　谈

上文曾提到故事愈传愈热闹，枝叶由少而多的事，来说明周兴嗣编撰《千字文》，智永书写《千字文》的事也不例外。有趣的是捏造故事的人，有时只顾热闹，却忘了事实上的不合理。例如为了说明智永临书功夫的深厚，便说他用了多少支笔。古人毛笔是活笔头，可以换头不换管。何延之说他"所退笔头（用秃了换下来的笔头），置之大竹簏，簏受一石，而五簏皆满。凡三十年"。到了韦绚的《刘宾客嘉话录》则说他积年学书，后有笔头十瓮，每瓮皆数万。清代章学诚《知非日札》说："永师学书虽勤，断无每日换退数十笔头之理。人生百年，止得三万六千日耳。十瓮笔头，每瓮数万，是必百年之内，每日换数十笔头，岂情理哉！"造谣言、吹大气的韦绚，却没想到一千一百多年后还有人跟他算账！

　　这篇稿写完了，拿着向一位朋友请教。这位朋友看完了，轻松地一笑。我急忙问他笑在何处，他说："你费了许多无用之力！王羲之的《兰亭序》'怏然自足'无论唐摹本、宋刻本，都是'怏然'，'怏'字从'心'从'央'，而世行一般古文读本中却都作'快（快乐的"快"）然'。'怏然'二字在唐宋以来文章中不常用，'快然'则普通流行，易懂常用，其中并无足深求的。'律召'成为'律吕'，恐怕也只是由于常见易懂罢了。《千字文》是以蒙书的身份被传习的，教蒙书的人，自以普通文化程度的为多，因此'怏然''律吕'，就都流行起来。你的详考，岂不是'可怜无补费精神'吗？"我心悦诚服地上了一堂"常识"课，赶紧把这个看法写入稿内。

　　总之，现行这卷以"天地玄黄"为首句的《千字文》，是梁武帝敕令周兴嗣撰作的；所称"次韵"，可能是次梁武帝《千字诗》的韵。当时曾用王羲之写过的字集摹一卷，中间有借"玮"为"炜"的字，也有重文异体的字。智永曾对着这种集字本临写过八百多本。日本《献物帐》从书法角度说，称它为"拓王羲之千字文"，史书经籍等志从文章角度说，称它为"周兴嗣撰千字文"。

一九八八年七月

附记：

一、日本今井凌雪教授惠赠便利堂原色影印本《真草千字文》一函，从硬黄纸色上看，前数行中间横断有些处纸色较淡，当是裱带勒系的痕迹，是为原是卷子，后改成册之证。

二、"正"字"旷"字都是王羲之的"家讳"，他把"正月"都写成"初月"，又怎能直写这些字呢？可知当时"集字"的底本中也有伪迹，或把非王氏的字误认为王字处。

三、日本传本千文墨迹原件原为小川为次郎先生所藏，今为其子小川正字广巳先生继藏。余于一九八九年四月二十九日至日本京都小川氏家，获观原本，装册裱手不精，每半页四边镶以绫条，其风格似清末裱工，殆即明治末年所装，计其改卷为册，当亦即在此时。硬黄纸本，黄上微泛淡褐色，盖敦煌一种薄质硬黄纸经装裱见水时即呈此色。其字每逢下笔墨痕浓重处时有墨聚如黍粒，斜映窗光，犹有闪亮之色，更可知绝非钩描之迹矣。